Aeglaselt valmivad maitsed

Mõnusad road, mis valmivad vaikselt ja kindlasti

Kairi Laanesaar

Sisukord

Sealiha kotletid mee ja sinepiga 11

Suitsutatud sealiha ploomidega 13

Magusapelsini suitsusink 15

Sherry kana kartulipudruga 16

Kicked Up Chicken suvikõrvitsaga 18

Pidulikud Cornish kanad 20

Lõhe kapparikastmega 21

Ürdilõhepäts kastmega 23

Lazy Man Mac ja juust 25

Vahemere kana suvikõrvitsaga 26

Vahemere täidisega spaghetti squash 28

Igapäevane tomatipajaroog 30

Nelja juustu makaroni pajaroog 31

Kreemjas köögiviljanuudli pajaroog 32

Vanaaegne pasta Bolognese 34

Mehhiko traditsiooniline Enchiladas 36

Täidetud kana rinnad 38

Pasta tomatikastmega 39

Farfalle seenekastmega 40

Põhja-Itaalia Risi Bisi 41

Pecorino ja rohelise herne risotto 43

Risotto suvikõrvitsa ja kollase squashiga 45

Munapirukas seentega 47

Aromaatne õunarisotto 49

Maitsev soolane suflee 50

Spagetid spargli ja ubadega 51

Lihtsad maitsvad rohelised oad 52

Vegan Vahemere maius 53

Kuumad küpsetatud oad 55

Küpsetatud ja maitsestatud Cannellini oad 57

Maitsvad magusa vürtsiga oad 58

Lihtne meepeet rosinatega 60

Glasuuritud rooskapsas pärlsibulaga 61

Ürdikartuli-porgandipüree 62

Talvekapsas peekoniga 64

Taimetoitlane koorega kapsas 65

Hämmastavad oranži glasuuriga porgandid 67

Vahemere kreemjas kapsas 68

Apelsini-glasuuritud maguskartul 70

Maitsev perekondlik maisiflaan 72

Vürtsikas maisipuding 73

Sea abatükk kuuma kastmega 75

Porru- ja küüslaugukreem 77

Vidalia täidetud sibul 79

Suhkrustatud jamss puuviljadest ja pähklitest 81

Vahtra mee ribid 82

Jamipäts talvepühadeks 83

Suvikõrvits ja maguskartulipuding 85

Rikkalik ja kreemjas kartuligratiin 87

Kreemjas kartul suitsusingiga 89

Kreemjas juurviljad 90

Seene- ja suvikõrvitsasuflee 92

Juustune spinati ja nuudli rõõm 94

Soolane leivapuding 96

Mais ja kartul krevettidega 98

Rikkalik ja tervislik suvepaella 99

Küülik kookoskastmes 101

Taimetoitlane kartuli- ja baklažaanimoussaka 102

Karrieeritud kanakintsud kartulitega 104

Nami õhtupirn Clafoutis 106

Õhtune risotto õuntega 108

Juustu ja leiva pajaroog 109

Prantsuse stiilis võileivad 111

Bratwurst ja hapukapsa pitas 112

Romantiline talveõhtusöök 114

Kicked Up Chicken suvikõrvitsaga 115

Pidulikud Cornish kanad 117

Lõhe kapparikastmega 118

Juustune merikurat lillkapsaga 120

Südamlik lestakoor 122

Rikkalik mereandide supp peekoniga 124

Värskendav kalakoor munaga 126

Vürtsikas maguskartuli tšilli 128

Tšilli kalkuni ja röstitud pipraga 130

Musta oa tšilli squashiga 132

Türgi ja Cannellini Bean Chili 134

Lihtne veise- ja sealiha tšilli 136

Itaalia stiilis tšilli 138

Pere lemmik tšilli 140

Lihtne sisefilee tšilli 142

Maitsev tomatioasupp 143

Lambaliha Chili singiga 145

Kreemjas köögiviljasupp 147

Sügisene rooskapsasupp 148

Taimetoitlane koorega maisisupp 150

Rikkalik kartuli-Pistou supp 152

Värskendav röstitud punase pipra supp 154

Vanaaegne veiselihahautis 156

Terav kurgisupp 158

Lihtne Nami veiselihahautis 160

Südamlik kanahautis 162

Vorst ja kalkunihautis 164

Türgi ja oahautis 165

Tursa ja krevettide hautis 167

Suvine vürtsikas kalahautis 169

Taimetoit igaks aastaajaks 171

Vegan nisumarja- ja läätsehautis 173

Perekond punane tšilli 174

Türgi tšilli lehtkapsaga 176

Pikantne kanavorst tšilli 178

Pepperoni kuum tšilli 180

Spagetid ubade ja spargliga 182

Lihtsad vürtsikad rohelised oad 184

Lemmik kreemjad rohelised oad 186

Steak Roll Ups seentega 187

Lemmik kuum Rouladen 189

Juicy veiseliha lühikesed ribid 191

Lihtne itaaliapärane lihaleib 192

Juustune igapäevane lihapäts 194

Karrieeritud maapähklilihapäts 196

Ema vürtsitatud oad 198

Tagati Cajun Jambalaya 199

Terav seapraad 201

Rõõmsad täidetud kapsalehed 203

Piima hautatud seafilee 205

Kartulipuder porgandiga 207

Pühadeks keedetud sink 209

Pere lemmik õunavõi 210

Itaalia stiilis kana brokkoliga 211

Ürdilõhepäts kastmega 213

Lazy Man Mac ja juust 215

Vahemere kana suvikõrvitsaga 216

Vahemere täidisega spaghetti squash 218

Sealiha kotletid mee ja sinepiga

(Valmis umbes 4 tunniga | 4 portsjonit)

Koostisained

- 4 kondita seakarbonaad
- 1/4 tassi porrulauku, tükeldatud
- 1/2 tassi kanapuljongit
- 1/2 tassi kuiva valget veini
- 1 spl maisitärklist
- 2 supilusikatäit mett
- 2 spl sinepit
- 1 tl riivitud ingverit
- Sool, maitse järgi
- Must pipar, maitse järgi

Juhised

1. Sega potis seakarbonaad, porrulauk, kanapuljong ja valge vein.

2. Katke ja keetke madalal kuumusel umbes 3 kuni 4 tundi.

3. Tõsta sealiha karbonaadi potist välja ja hoia soojas.

4. Lisa maisitärklis, mesi, sinep, ingver, sool ja must pipar; jätkake küpsetamist umbes 5 minutit. Serveeri soojalt.

Suitsutatud sealiha ploomidega

(Valmis umbes 8 tunniga | 8 portsjonit)

Koostisained

- 2 naela seafilee, kondita ja kuubikuteks
- 1 tass ploome, kivideta
- 1 ½ tassi köögiviljapuljongit
- 1/2 tassi kuiva valget veini
- 1 tl sidrunimahla
- Sool, maitse järgi
- Must pipar, maitse järgi
- Suitsupaprika, maitse järgi
- 2 spl maisitärklist
- 1/4 tassi külma vett
- Vedel suits, maitse järgi
- 4 tassi keedetud kuskussi, soe

Juhised

1. Asetage kõik koostisosad, välja arvatud maisitärklis, vesi, vedel suits ja kuskuss, potti.

2. Katke ja keetke madalal kuumusel umbes 8 tundi. Järgmisena keerake kuumus kõrgeks; küpseta umbes 10 minutit.

3. Sega kausis maisitärklis külma veega. Lisage see segu ja vedel suits potti ning segage pidevalt 2–3 minutit. Serveeri kuskussiga.

Magusapelsini suitsusink

(Valmis umbes 3 tunniga | 10 portsjonit)

Koostisained
- 3 naela suitsusinki, kondita
- 1/3 tassi apelsinimahla
- 1/4 tassi mett
- 1 tl vürtspipart
- 1/2 tl jahvatatud kaneeli
- 1 1/2 supilusikatäit maisitärklist
- 1/4 tassi külma vett
- 2 spl kuiva šerrit

Juhised
1. Pane kõik koostisosad, välja arvatud maisitärklis, vesi ja šerri, potti.
2. Katke ja küpseta madalal kuumusel, kuni sink on pehme või umbes 3 tundi. Tõsta ettevalmistatud sink serveerimisvaagnale.
3. Mõõtke pannile 1 tass puljongit; kuumuta keemiseni; vahusta ülejäänud koostisosad umbes 1 minut.
4. Serveeri sinki kastmega ja naudi!

Sherry kana kartulipudruga

(Valmis umbes 4 tunniga | 4 portsjonit)

Koostisained

Sherry kana jaoks:
- 1/4 tassi kuiva šerrit
- 1 tass rosinaid
- 4 keskmise suurusega kanarinda
- 1 hapukas keeduõun, kooritud ja tükeldatud
- 1 magus sibul, viilutatud
- 1 tass kanapuljongit
- Sool ja pipar, maitse järgi

Kartulipudru jaoks:
- 2 naela Idaho kartulit, kooritud ja keedetud
- 1/4 hapukoort
- 1/3 tassi täispiima
- 2 spl võid
- 1 tl meresoola
- 1/4 tl musta pipart
- 1/4 tl Cayenne'i pipart

Juhised

1. Asetage potti kõik šerrikana koostisosad; katke ja küpseta kõrgel kuumusel, kuni kanarinnad on pehmed või 3–4 tundi.

2. Vahepeal peksid kartulid, lisades hapukoort, piima ja võid; klopi ühtlaseks ja ühtlaseks.

3. Maitsesta vürtsidega ja serveeri kõrvale koos šerrikanaga.

Kicked Up Chicken suvikõrvitsaga

(Valmis umbes 4 tunniga | 6 portsjonit)

Koostisained

- 3 keskmise suurusega kanarinda, poolitatud
- 1 tass mandlipiima
- 1/4 tassi vett
- 1/4 tassi sidrunimahla
- 2 küüslauguküünt, hakitud
- 1 keskmise suurusega sibul, hakitud
- Sool, maitse järgi
- Punane pipar, maitse järgi
- 1 tl jahvatatud ingverit
- 1 tl jahvatatud köömneid
- 1 kilo suvikõrvitsat, viilutatud
- 1 spl maisijahu
- 2 spl vett
- 1/3 tassi värsket peterselli, hakitud
- 4 tassi riisi, keedetud

Juhised

1. Pange kõik koostisosad, välja arvatud suvikõrvits, maisijahu, vesi, petersell ja riis, oma potti.

2. Kata kaanega ja küpseta madalal kuumusel umbes 4 tundi, lisades suvikõrvitsat küpsetusaja viimase 30 minuti jooksul. Broneeri kana rinnad.

3. Keera kuumus kõrgeks ja jätka küpsetamist 10 minutit; sega hulka maisijahu ja vesi, segades umbes 3 minutit.

4. Puista üle peterselliga; serveeri riisi peal.

Pidulikud Cornish kanad

(Valmis umbes 6 tunniga | 4 portsjonit)

Koostisained

- 2 külmutatud Cornish kana, sulatatud
- 1/2 tl meresoola
- 1/4 tl jahvatatud musta pipart
- 1/2 tl Cayenne'i pipart
- 1 küüslauguküüs, hakitud
- 1/3 tassi kanapuljongit
- 2 spl maisijahu
- 1/4 tassi vett

Juhised

1. Puista Cornish kanadele soola, musta pipra ja Cayenne'i pipraga; lisa hakitud küüslauk ja pane potti. Vala sisse kanapuljong.

2. Katke ja keetke madalal kuumusel 6 tundi. Eemaldage Cornish kanad ja reserveerige.

3. Segage segatud maisijahu ja vesi, segades 2–3 minutit; teenima.

Lõhe kapparikastmega

(Valmis umbes 45 minutiga | 4 portsjonit)

Koostisained

- 1/2 tassi kuiva valget veini
- 1/2 tassi vett
- 1 kollane sibul õhukesteks viiludeks
- 1/2 teelusikatäit soola
- 1/4 tl musta pipart
- 4 lõhepihvi
- 2 spl võid
- 3 spl jahu
- 1 tass kanapuljongit
- 2 tl sidrunimahla
- 3 supilusikatäit kapparid

Juhised

1. Sega potis vein, vesi, sibul, sool ja must pipar; katke kaanega ja küpseta kõrgel temperatuuril 20 minutit.

2. Lisa lõhepihvid; katke ja küpseta kõrgel kuumusel, kuni lõhe on pehme või umbes 20 minutit.

3. Kastme valmistamiseks sulata väikesel pannil keskmisel tulel või. Sega juurde jahu ja küpseta 1 minut.

4. Vala kana puljong ja sidrunimahl; vahusta 1 kuni 2 minutit. Lisa kapparid; serveeri kastet lõhega.

Ürdilõhepäts kastmega

(Valmis umbes 5 tunniga | 4 portsjonit)

Koostisained

Lõhe lihaleiva jaoks:
- 1 tass värsket leivapuru
- 1 purk (7 ½ untsi) lõhet, nõrutatud
- 1/4 tassi talisibul, hakitud
- 1/3 tassi täispiima
- 1 muna
- 1 spl värsket sidrunimahla
- 1 tl kuivatatud rosmariini
- 1 tl jahvatatud koriandrit
- 1/2 tl lambaläätse
- 1 tl sinepiseemne
- 1/2 teelusikatäit soola
- 1/4 tl valget pipart

Kastme jaoks:
- 1/2 tassi kurki, tükeldatud
- 1/2 tassi vähendatud rasvasisaldusega tavalist jogurtit
- 1/2 tl tilli umbrohtu

•Sool, maitse järgi

Juhised

1. Vooderdage oma pott fooliumiga.

2. Segage kõik lõhelihaleiva koostisosad, kuni kõik on hästi segunenud; vormi päts ja pane potti.

3. Kata sobiva kaanega ja küpseta madalal kuumusel 5 tundi.

4. Kombineeri kõik kastme koostisosad; vispelda kokku.

5. Serveeri oma lihaleib koos valmistatud kastmega.

Lazy Man Mac ja juust

(Valmis umbes 4 tunniga | 4 portsjonit)

Koostisained

- Mittenakkuva toiduvalmistamise sprei-või maitse
- 16 untsi valitud makaronid
- 1/2 tassi võid, sulatatud
- 1 (12 untsi) purk aurustunud piima
- 1 tass piima
- 4 tassi Colby jack juustu, riivitud

Juhised

1. Määri pott kergelt küpsetusspreiga.

2. Kõigepealt küpseta oma lemmikmakaronid vastavalt pakendi juhistele; loputage ja tühjendage; viige potti.

3. Lisa ülejäänud koostisosad ja sega korralikult läbi. Küpseta madalal kuumusel 3–4 tundi. Nautige!

Vahemere kana suvikõrvitsaga

(Valmis umbes 8 tunniga | 4 portsjonit)

Koostisained

- 4 keskmise suurusega kanarinda, nahata
- 2 tassi väikesteks kuubikuteks lõigatud tomateid
- 1 laokuubik
- 1/2 tassi kuiva valget veini
- 1/2 tassi vett
- 1 keskmine suvikõrvits, viilutatud
- 1 suur sibul, hakitud
- 1/3 tassi apteegitilli sibulat, hakitud
- 1 tl jahvatatud köömneid
- 1 tl kuivatatud basiiliku lehti
- 1 loorberileht
- Näputäis musta pipart
- 1/4 tassi oliive, kivideta ja viilutatud
- 1 tl sidrunimahla
- 3 tassi keedetud riisi

Juhised

1.Asetage kõik koostisosad, välja arvatud oliivid, sidrunimahl ja keedetud riis, potti; katke kaanega ja keetke madalal kuumusel umbes 8 tundi, lisades küpsetusaja viimase 30 minuti jooksul kivideta oliive.

2.Lisa sidrunimahl; loorberileht ära visata. Serveeri keedetud riisiga ja naudi.

Vahemere täidisega spaghetti squash

(Valmis umbes 8 tunniga | 4 portsjonit)

Koostisained

- 1 keskmise suurusega spagetikõrvits, pikuti poolitatud ja seemnetega
- 2 roma tomatit, tükeldatud
- 2 purki (6 untsi) tuunikala vees, nõrutatud ja helvestatud
- 1 tl kuivatatud basiiliku lehti
- 1 tl kuivatatud pune lehti
- 1/2 tl kuivatatud tüümiani
- Sool, maitse järgi
- Must pipar, maitse järgi
- Cayenne'i pipar, maitse järgi
- 1/2 tassi vett
- 1/4 tassi Pecorino Romano, riivitud

Juhised

1. Aseta kõrvitsapoolikud taldrikule.

2. Sega mõõtetopsis või segamisnõus kõik koostisosad, välja arvatud vesi ja Pecorino Romano. Tõsta see segu lusikaga kõrvitsapoolikuteks ja aseta potti.

3. Lisage potti vett; katke kaanega ja küpseta madalal kuumusel 6–8 tundi.

4. Puista peale Pecorino Romano ja serveeri.

Igapäevane tomatipajaroog

(Valmis umbes 3 tunniga | 6 portsjonit)

Koostisained

- 8 untsi makaronid, keedetud
- 1 purk (16 untsi) väikesteks kuubikuteks lõigatud tomateid, nõrutatud
- 1/2 tassi porrulauku, tükeldatud
- 1 tass täispiima
- 1 tass vett
- 1 spl maisijahu
- 3 muna, kergelt lahtiklopitud
- 1/2 tassi teravat juustu, riivitud
- 1/2 tl jahvatatud kaneeli
- Sool, maitse järgi
- Paprika, kaunistuseks

Juhised

1. Sega potti makaronid, tomatid ja porrulauk.

2. Sega kausis ülejäänud koostisosad, välja arvatud paprika; vala potti makaronidele.

3. Küpseta madalal kuumusel umbes 3 tundi või kuni vanillikaste on tahenenud; jaga serveerimistaldrikutele ja puista peale paprika.

Nelja juustu makaroni pajaroog

(Valmis umbes 3 tunniga | 8 portsjonit)

Koostisained
- Mittenakkuva toiduvalmistamise sprei-või maitse
- 3 tassi täispiima
- 1/3 tassi universaalset jahu
- 1 tass Colby-Jacki, purustatud
- 1 tass vähendatud rasvasisaldusega mozzarellat, tükeldatud
- 1 tass Cheddari juustu, hakitud
- 1 nael makaronid, keedetud al dente
- 1/2 tassi parmesani juustu

Juhised
1. Töötle keedupotti keedupritsiga.
2. Sega suures segamiskausis piim ja jahu ühtlaseks massiks; lisa ülejäänud koostisosad, välja arvatud makaronid ja parmesani juust.
3. Sega juurde makaronid ja puista üle parmesani juustuga.
4. Katke ja keetke madalal kuumusel 3 tundi.

Kreemjas köögiviljanuudli pajaroog

(Valmis umbes 5 tunniga | 6 portsjonit)

Koostisained
- 1 tass 2% vähendatud rasvasisaldusega piima
- 1 ½ tassi koort seenesuppi
- 2 spl majoneesi, vähendatud rasvasisaldusega
- 1 tass sulatatud juustu, hakitud
- 1 roheline paprika
- 1 suur porgand, tükeldatud
- 1/3 sellerivart, tükeldatud
- 1/3 tassi sibulat, hakitud
- 1/4 tl meresoola
- 1/4 tl jahvatatud musta pipart
- 6 untsi nuudlid, keedetud al dente
- 1/2 tassi kikerhernest
- 1 spl võid
- 1/3 tassi värsket leivapuru
- 1/3 tassi piiniaseemneid, hakitud

Juhised

1. Sega potis kümme esimest koostisosa.

2. Sega juurde keedetud nuudlid; katke sobiva kaanega ja keetke madalal kuumusel 5 tundi. Lisa kikerherned küpsetusaja viimase 30 minuti jooksul.

3. Malmpannil sulatage või keskmisel kuumusel; küpseta leivapuru ja piiniaseemneid umbes 5 minutit. Puista valmis pajaroale ja serveeri!

Vanaaegne pasta Bolognese

(Valmis umbes 7 tunniga | 6 portsjonit)

Koostisained

- 1/2 naela jahvatatud sealiha
- 1/2 naela veisehakkliha
- 1/4 tassi sibulat, hakitud
- 3 küüslauguküünt, hakitud
- 1/4 tassi porgandit, tükeldatud
- 1 1/2 tl kuivatatud Itaalia maitseainet
- 1 purk (8 untsi) tomatikastet, nõrutamata,
- 1 suur tomat, tükeldatud
- 1/4 tassi kuiva punast veini
- 1 tl meresoola
- 1/4 tl pipart
- 1/4 tl Cayenne'i pipart
- 12 untsi spagetid, keedetud

Juhised

1. Pruunista hakkliha mittenakkuval raskel pannil keskmisel kuumusel 8 minutit; murenda kahvliga.

2. Lisa ülejäänud koostisosad, välja arvatud spagetid, potti. Katke ja keetke madalal kuumusel 6–7 tundi.

3. Valage valmis kaste spagettidele ja serveerige soojalt.

Mehhiko traditsiooniline Enchiladas

(Valmis umbes 1 tund 15 minutit | 6 portsjonit)

Koostisained

- 1 nael segatud veise- ja sealiha
- 3 viilu Kanada peekonit, tükeldatud
- 1 ¼ tassi vett
- 1 (1 unts) pakend taco maitseainesegu
- 1 tass rammusat salsat
- 2 tassi kanapuljongit
- Meresool, maitse järgi
- 4 tassi Mehhiko juustu segu, hakitud
- 10 maisitortillat, neljaks lõigatud

Juhised

1. Küpseta laias kastrulis keskmisel kuumusel jahvatatud liha ja peekon. Küpseta, kuni need on pruunistunud või umbes 10 minutit.

2. Segage keskmise suurusega segamiskausis vesi, taco maitseainesegu, salsa, kanapuljong, sool ja 2 tassi juustu.

3. Laota keedupoti põhja kiht tortillasid. Lisage kiht veisehakkliha ja lisage sellele lusikaga salsa segu.

4. Korda kihte veel üks kord, lõpetades tortillade kihiga. Top peale ülejäänud 2 tassi juustu.

5. Katke kaanega; küpseta kõrgel temperatuuril 1 tund.

Täidetud kana rinnad

(Valmis umbes 3 tunniga | 4 portsjonit)

Koostisained

- 1/2 tassi teravat juustu, hakitud
- 1 punane paprika, tükeldatud
- 1 roheline paprika, tükeldatud
- 1 kollane paprika, tükeldatud
- 2 kuhjaga supilusikatäit värsket peterselli, hakitud
- 1/4 tassi koriandrit, hakitud
- 1/4 tassi tomateid, tükeldatud
- 1/2 tl tšillipulbrit
- 1/2 tl selleri soola
- 4 väikest kanarinda, kondita ja 1/4 tolli paksuseks purustatud

Juhised

1. Sega kausis kõik koostisosad, välja arvatud kana.

2. Määri see segu kana rinnale. Rulli kana rinnad tihedalt kokku ja kinnita need hambaorkide või varrastega.

3. Laota kanarullid potti. Katke ja küpseta 3 tundi kõrgel kuumusel.

Pasta tomatikastmega

(Valmis umbes 7 tunniga | 6 portsjonit)

Koostisained

- 4 suurt tomatit, tükeldatud
- 1 suur kollane sibul, peeneks hakitud
- 2 küüslauguküünt, hakitud
- 1/2 tassi kuiva punast veini
- 2 spl tomatiketšupit
- 1 spl pruuni suhkrut
- 1 tl kuivatatud pune lehti
- 1 tl selleriseemneid
- 1 tl kuivatatud tüümiani lehti
- 1/8 tl paprikat
- 1/4 tl koššersoola
- 12 untsi pasta, keedetud ja soe

Juhised

1. Kombineerige kõik koostisosad, välja arvatud pasta, oma potti.
2. Katke ja keetke madalal kuumusel 7 tundi.
3. Vala kaste pasta peale ja naudi.

Farfalle seenekastmega

(Valmis umbes 8 tunniga | 6 portsjonit)

Koostisained
- 1 sibul, peeneks hakitud
- 2 küüslauguküünt, hakitud
- 1 keskmise suurusega ploomtomat, tükeldatud
- 1 ½ tassi koort seenesuppi
- 2 spl tomatiketšupit
- 1 spl pruuni suhkrut
- 1 tl kuivatatud pune lehti
- 1 tass seeni, õhukeselt viilutatud
- 1 tl kuivatatud basiiliku lehti
- 1/4 tl koššersoola
- 1/4 tl jahvatatud musta pipart
- 12 untsi Farfalle, keedetud ja soe

Juhised
1. Asetage potti kõik koostisosad, välja arvatud farfalle.
2. Kata kaanega ja küpseta madalal kuumusel umbes 8 tundi.
3. Vala seenekaste Farfalle peale ja serveeri.

Põhja-Itaalia Risi Bisi

(Valmis umbes 1 tund 30 minutit | 4 portsjonit)

Koostisained
- 1 tass vett
- 2 tassi köögiviljapuljongit
- 1/2 tassi rohelist sibulat, peeneks hakitud
- 2 küüslauguküünt, hakitud
- 1 ½ tassi riisi
- 1 tl kuivatatud pune lehti
- 1 spl kuivatatud basiiliku lehti
- Jahvatatud must pipar, maitse järgi
- Cayenne'i pipar, maitse järgi
- 8 untsi rohelised herned, kärbitud
- 1 tl värsket sidrunimahla
- 1/2 tassi Parmesani juustu, riivitud

Juhised

1. Laota potti kõik koostisosad, välja arvatud rohelised herned, sidrunimahl ja juust.

2. Katke ja küpseta kõrgel kuumusel umbes 1 ¼ tundi või kuni vedelik on peaaegu imendunud. Lisage rohelised herned küpsetusaja viimase 15 minuti jooksul.

3. Sega juurde sidrunimahl ja juust; jaga serveerimistaldrikutele ja serveeri.

Pecorino ja rohelise herne risotto

(Valmis umbes 1 tund 30 minutit | 4 portsjonit)

Koostisained
- 2 tassi köögiviljapuljongit
- 1 tass tomatimahla
- 1/2 tassi šalottsibulat, peeneks hakitud
- 2 küüslauguküünt, hakitud
- 1 ½ tassi keedetud kana, kuubikutena
- 1 ½ tassi riisi
- 1 tl kuivatatud Itaalia maitseainet
- Sool, maitse järgi
- Jahvatatud must pipar, maitse järgi
- Paprika, maitse järgi
- 8 untsi rohelised herned, kärbitud
- 1/2 tassi pecorino juustu, riivitud

Juhised

1. Asetage oma potti kõik koostisosad, välja arvatud rohelised herned ja Pecorino juust.

2. kate; küpseta kõrgel temperatuuril umbes 1 tund 30 minutit, lisades küpsetusaja viimase 15 minuti jooksul rohelisi herneid.

3. Lisa juust ja serveeri soojalt.

Risotto suvikõrvitsa ja kollase squashiga

(Valmis umbes 1 tund 25 minutit | 4 portsjonit)

Koostisained

- 3 tassi köögiviljapuljongit
- 1 keskmise suurusega sibul, hakitud
- 2 küüslauguküünt, hakitud
- 1 tass viilutatud cremini seeni
- 1 tl kuivatatud rosmariini
- 1 ½ tassi lühiteralist riisi
- 1 tass iga suvikõrvitsa, kuubikuteks
- 3/4 tassi suvikõrvitsat, kuubikuteks
- 1 bataat, kooritud kuubikuteks
- 1/4 tassi Pecorino juustu, riivitud
- 1/2 tl meresoola
- 1/2 tl jahvatatud musta pipart
- 1/2 tl Cayenne'i pipart

Juhised

1. Kombineerige kõik koostisosad, välja arvatud juust, oma potti.

2. Katke ja küpseta kõrgel temperatuuril umbes 1 ¼ tundi või kuni riis on al dente.

3. Sega juurde juust; jaga nelja serveerimistaldriku vahel ja naudi.

Munapirukas seentega

(Valmis umbes 4 tunniga | 4 portsjonit)

Koostisained

- 4 suurt muna
- 1/4 tassi universaalset jahu
- 1/2 tl söögisoodat
- 1/4 teelusikatäit soola
- 1/8 tl värskelt jahvatatud musta pipart
- 2 tassi Colby Jacki juustu, tükeldatud
- 1 tass vähendatud rasvasisaldusega kodujuustu
- 1 Chipotle pipar, hakitud
- 1 tass seened, viilutatud
- 1/2 tl kuivatatud rosmariini
- 1/2 tl kuivatatud basiiliku lehti

Juhised

1. Vahusta munad suures kausis vahuks; sega hulka jahu, sooda, sool ja jahvatatud must pipar. Sega juurde ülejäänud koostisosad.

2. Vala segu õlitatud keedupotti; katke kaanega ja keetke madalal kuumusel umbes 4 tundi.

3. Jaga nelja serveerimistaldriku vahel ja naudi!

Aromaatne õunarisotto

(Valmis umbes 9 tunniga | 6 portsjonit)

Koostisained

- 1/4 tassi võid, sulatatud
- 1 ½ tassi Arborio riisi
- 3 õuna, südamikust puhastatud ja viilutatud
- 1/4 tl värskelt jahvatatud muskaatpähklit
- 1/4 tl jahvatatud nelki
- 1 tl jahvatatud kaneeli
- 1/3 tassi pruuni suhkrut
- Näputäis soola
- 1 tass õunamahla
- 2 tassi täispiima
- 1 tass vett

Juhised

1. Lisa potti või ja riis.
2. Seejärel lisage ülejäänud koostisosad; sega kokku.
3. Katke ja keetke madalal kuumusel 9 tundi. Serveeri soovi korral kuivatatud puuviljadega.

Maitsev soolane suflee

(Valmis umbes 3 tunniga | 8 portsjonit)

Koostisained

- 8 viilu leiba
- 8 untsi Cheddari juustu, hakitud
- 8 untsi mozzarella juustu, hakitud
- Mittenakkuva toiduvalmistamissprei
- 2 tassi rasvavaba aurutatud piima
- 4 muna
- 1/4 teelusikatäit pipart

Juhised

1. Rebi leib tükkideks ja jäta reservi.

2. Sega juustud ja varu.

3. Määrige pott mittenakkuva toiduvalmistamisspreiga. Seejärel lisa leib ja juust. Sega segamiseks.

4. Vahusta mõõtetopsis või segamisnõus piim, munad ja piment. Vala potis olevale leivale ja juustule. Küpseta madalal kuumusel 2–3 tundi.

5. Serveeri soovi korral kivideta ja tükeldatud oliividega.

Spagetid spargli ja ubadega

(Valmis umbes 3 tunniga | 8 portsjonit)

Koostisained

- 1 purk (15 untsi) Põhja-ube, loputatud ja nõrutatud
- 3/4 tassi köögiviljapuljongit
- 2 tomatit, hakitud ploom
- 1 porgand, tükeldatud
- 1 tl kuivatatud basiiliku lehti
- 1 tl kuivatatud rosmariini lehti
- Sool ja pipar, maitse järgi
- 1 kilo sparglit, viilutatud
- 8 untsi spagetid, keedetud
- 1/2 tassi Parmesani juustu, hakitud

Juhised

1. Kombineeri kõik koostisosad, välja arvatud spargel, spagetid ja juust, oma potti.

2. Küpseta madalal kuumusel umbes 3 tundi, lisades sparglit viimase 30 minuti jooksul.

3. Kohandage maitseaineid oma maitse järgi, seejärel lisage spagetid ja parmesani juust; teenima.

Lihtsad maitsvad rohelised oad

(Valmis umbes 4 tunniga | 8 portsjonit)

Koostisained

- 1 nael rohelisi ube
- 4 suurt tomatit, tükeldatud
- 1/2 tassi šalottsibulat, hakitud
- 3 küüslauguküünt, hakitud
- 1 tl kuivatatud basiiliku lehti
- 1 tl kuivatatud rosmariini
- 1/2 tl selleri soola
- 1/4 tl musta pipart
- 1/4 tl Cayenne'i pipart

Juhised

1. Kombineerige kõik koostisosad oma potti.
2. Katke kaanega; seejärel küpseta kõrgel temperatuuril umbes 4 tundi või kuni oad on pehmed.
3. Serveeri linnuliha eelroaga.

Vegan Vahemere maius

(Valmis umbes 2 tunniga | 8 portsjonit)

Koostisained

- 2 tassi rohelisi ube
- 1/4 tassi sibulat, peeneks hakitud
- 2 küüslauguküünt, hakitud
- 1 suur punane paprika, tükeldatud
- 1 suur porgand, tükeldatud
- 1 tl ingverijuurt, jahvatatud
- 1/2 tassi vett
- 1 tass konserveeritud musti ube, nõrutatud
- 1 spl riisiveini äädikat
- 2 tl tamari kastet
- 1/2 tl meresoola
- 1/4 tl jahvatatud musta pipart

Juhised

1. Sega potis rohelised oad, sibul, küüslauk, paprika, porgand, ingverijuur ja vesi; kata kaanega ja tõsta pott kõrgele.

2. Küpseta umbes poolteist tundi; äravool. Lisa ülejäänud koostisosad ja küpseta 30 minutit kauem. Maitse, kohanda maitseaineid ja serveeri.

Kuumad küpsetatud oad

(Valmis umbes 6 tunniga | 8 portsjonit)

Koostisained

- 1 tass hakitud sibulat
- 2 purki (15 untsi) pintoube, loputatud ja nõrutatud
- 1 serrano pipar, tükeldatud
- 1 jalapeño tšilli, peeneks hakitud
- 1 tass terve tuumaga maisi
- 1 tass kirsstomateid, poolitatud
- 2 spl suhkrut
- 1/2 tl kuivatatud tüümiani lehti
- 1 loorberileht
- 1/2 tl meresoola
- 1/4 tl valget pipart
- 1/2 tassi Pecorino juustu, riivitud
- 1/4 tassi värsket peterselli, peeneks hakitud

Juhised

1. Kombineerige kõik koostisosad, välja arvatud juust ja petersell, oma potti.

2. Katke ja keetke madalal kuumusel 5–6 tundi.

3. Puista peale juustu ja petersell ning serveeri!

Küpsetatud ja maitsestatud Cannellini oad

(Valmis umbes 6 tunniga | 6 portsjonit)

Koostisained

- 1 tass köögiviljapuljongit
- 3 purki (15 untsi) cannellini ube
- 1/2 tassi porrulauku, hakitud
- 2-3 küüslauguküünt, hakitud
- 1 sellerivars, tükeldatud
- 1 magus punane paprika, tükeldatud
- 1 tl kuivatatud salvei
- 2 loorberilehte
- 6 päikesekuivatatud tomatit, pehmendatud ja viilutatud
- 1/2 tl paprikat
- 1/2 tl meresoola
- 1/4 tl värskelt jahvatatud musta pipart

Juhised

1. Pange kõik koostisosad oma potti.
2. Katke ja keetke madalal kuumusel 5–6 tundi. Serveeri soovi korral vorsti ja lemmiksalatiga.

Maitsvad magusa vürtsiga oad

(Valmis umbes 6 tunniga | 10 portsjonit)

Koostisained

- 1 ½ tassi porrulauku, tükeldatud
- 4 purki (15 untsi) Põhja-ube, loputatud ja nõrutatud
- 2 spl ingverijuurt, peeneks hakitud
- 3 küüslauguküünt, hakitud
- 1 spl suhkrut
- 1 tass tomatipastat
- 1 tl sinepiseemneid
- 1 tl kuivatatud tüümiani lehti
- 1 tl kuivatatud salveilehti
- 1/4 tl muskaatpähklit, riivitud
- 2 loorberilehte
- Must pipar, maitse järgi
- 5-6 pipratera
- 1/2 tassi ingverinapsu, jämedalt jahvatatud

Juhised

1. Sega kõik koostisosad, välja arvatud ingverinapsu, potti.

2. Kata pott kaanega ja keeda madalal kuumusel 6 tundi, lisades viimase tunni jooksul ingverinapsu.

3. Visake loorberilehed ära ja serveerige soojalt.

Lihtne meepeet rosinatega

(Valmis umbes 2 tunni 30 minutiga | 6 portsjonit)

Koostisained

- 2 tassi kuuma vett
- 1 ½ naela keskmist peet
- 1 suur punane sibul, peeneks hakitud
- 2 küüslauguküünt, hakitud
- 1/4 tassi rosinaid
- 3 kuhjaga supilusikatäit piiniaseemneid, röstitud
- 1/4 tassi mett
- 3 spl punase veini äädikat
- 1 spl oliiviõli
- Sool ja pipar, maitse järgi

Juhised

1. Panna potti kuum vesi ja peet; katke kaanega ja küpseta kõrgel temperatuuril umbes 2 tundi; äravool.

2. Järgmisena koori peet ja lõika väikesteks tükkideks. Pöörake tagasi potti; lisa ülejäänud koostisosad.

3. Küpseta 30 minutit kauem. Serveeri koos linnuliha eelroaga ja naudi!

Glasuuritud rooskapsas pärlsibulaga

(Valmis umbes 2 tunni 10 minutiga | 6 portsjonit)

Koostisained

- 8 untsi külmutatud pärlsibulat, sulatatud
- 8 untsi väikesed rooskapsas
- 1 1/2 tassi kuuma vett
- 1/4 tl jahvatatud musta pipart
- 1/4 tl Cayenne'i pipart
- 1/2 tl meresoola
- 1 spl margariini
- 1/4 tassi pruuni suhkrut

Juhised

1. Sega potis pärlsibul, rooskapsas ja kuum vesi.
2. Kata kaanega ja küpseta kõrgel temperatuuril umbes 2 tundi või kuni köögiviljad on pehmed; äravool. Maitsesta musta pipra, Cayenne'i pipra ja meresoolaga.
3. Lisa margariin ja suhkur ning keeda veel 10 minutit. Serveeri soojalt ja naudi.

Ürdikartuli-porgandipüree

(Valmis umbes 3 tunni 30 minutiga | 8 portsjonit)

Koostisained

- 2 tassi kartulit, kooritud kuubikuteks
- 2 naela porgandit, viilutatud
- 1 tass vett
- 2 spl võid
- 1/4 tassi piima, soe
- 1/2 tl kuivatatud rosmariini
- 1/2 teelusikatäit pipart
- 1/2 tl selleriseemneid
- 1 tl kuivatatud basiilikut
- 1 tl kuivatatud pune
- 1/2 teelusikatäit soola
- 1/2 tl punase pipra helbeid, purustatud

Juhised

1. Asetage kartulid, porgandid ja vesi oma potti; katke kaanega ja küpseta 3 tundi kõrgel kuumusel. Nõruta hästi.

2. Püreesta keedetud kartul ja porgand köögikombainis kreemjaks ja ühtlaseks; tagasi potti. Katke ja küpseta kõrgel temperatuuril umbes 30 minutit; sega aeg-ajalt.

3. Klopi või ja piim kartuli- ja porgandipüreesse. Tee kreemjas konsistents. Maitsesta vürtsidega ja serveeri.

Talvekapsas peekoniga

(Valmis umbes 4 tunniga | 6 portsjonit)

Koostisained

- 1 peakapsas õhukesteks viiludeks
- 3/4 tassi porrulauku, hakitud
- 2 keskmise suurusega porgandit, tükeldatud
- 1 magus punane paprika õhukesteks viiludeks
- 2 küüslauguküünt, hakitud
- 1/2 tl aniisiseemneid
- 1/4 tassi veiselihakonservi
- 1/4 tassi kuiva valget veini
- Sool, maitse järgi
- 1/2 tl jahvatatud musta pipart
- 2 viilu tükeldatud peekonit, keedetud krõbedaks ja nõrutatud

Juhised

1. Kombineerige kõik koostisosad, välja arvatud peekon, oma potti.
2. Katke ja küpseta kõrgel temperatuuril umbes 4 tundi või kuni kapsas on pehme.
3. Lisa peekon, maitsesta maitseaineid ja naudi!

Taimetoitlane koorega kapsas

(Valmis umbes 4 tunni 10 minutiga | 6 portsjonit)

Koostisained
- 1 suur peakapsas õhukesteks viiludeks
- 3/4 tassi punast või kollast sibulat, hakitud
- 2 keskmise suurusega porgandit, tükeldatud
- 1 magus paprika, õhukeseks viilutatud
- 2 küüslauguküünt, hakitud
- 1/2 tl köömneid
- 1/2 tl selleriseemneid
- 1 tass konserveeritud köögiviljapuljongit
- Sool, maitse järgi
- Jahvatatud must pipar, maitse järgi
- Cayenne'i pipar, maitse järgi
- 1/2 tassi vähendatud rasvasisaldusega hapukoort
- 1 spl maisijahu

Juhised

1. Asetage potti kõik koostisosad, välja arvatud hapukoor ja maisijahu.

2. Kata kaanega ja küpseta 4 tundi kõrgel kuumusel.

3. Segage segatud hapukoor ja maisijahu ning jätkake küpsetamist 10 minutit kauem. Serveeri soojalt.

Hämmastavad oranži glasuuriga porgandid

(Valmis umbes 3 tunni 10 minutiga | 4 portsjonit)

Koostisained

- 1 nael beebiporgandeid
- 3/4 tassi apelsinimahla
- 1 spl võid
- 1/2 tassi pruuni suhkrut, pakitud hele
- 1/2 tl maitsepipart
- 1/4 tl jahvatatud muskaati
- 1/2 tl meresoola
- 1/2 tl valget pipart
- 2 spl maisijahu
- 1/4 tassi vett

Juhised

1. Asetage potti kõik koostisosad, välja arvatud maisijahu ja vesi; katke kaanega ja küpseta kõrgel temperatuuril umbes 3 tundi või kuni porgandid on krõbedad ja pehmed.

2. Segage väikeses segamiskausis maisijahu ja vesi; lisa potti. Segage 2 kuni 3 minutit.

3. Jaga nelja serveerimistaldriku vahel ja serveeri soovi korral liha- või kalaroogadega.

Vahemere kreemjas kapsas

(Valmis umbes 4 tunni 10 minutiga | 6 portsjonit)

Koostisained

- 1 suur pea Savoia kapsas, viilutatud
- 3/4 tassi punast või kollast sibulat, hakitud
- 1 selleriribi, tükeldatud
- 1 roheline paprika, õhukeselt viilutatud
- 1 kollane paprika, õhukeselt viilutatud
- 2 küüslauguküünt, hakitud
- 1 tl selleriseemneid
- 1 tass konserveeritud köögiviljapuljongit
- Sool, maitse järgi
- Jahvatatud must pipar, maitse järgi
- Paprika, maitse järgi
- Muskaatpähkli riiv
- 1 tass tükkideks rebitud spinatit
- 1/2 tassi tavalist kreeka jogurtit
- 1 spl maisitärklist

Juhised

1. Asetage potti kõik koostisosad, välja arvatud spinat, jogurt ja maisitärklis.

2. Küpseta kaane all 4 tundi, lisades küpsetusaja viimase 30 minuti jooksul spinatit ja soovi korral lisades maitseaineid.

3. Lisa segatud jogurt ja maisitärklis, segades umbes 10 minutit. Serveeri soojalt ja naudi!

Apelsini-glasuuritud maguskartul

(Valmis umbes 3 tunni 5 minutiga | 4 portsjonit)

Koostisained
- 1 kilo maguskartulit
- 3/4 tassi apelsinimahla
- 1 spl margariini
- 1/2 tassi pruuni suhkrut
- 1/2 tl riivitud muskaatpähklit
- 1/4 tl jahvatatud muskaati
- 1/4 tl jahvatatud nelki
- 1/2 tl jahvatatud kaneeli
- 1/2 tl koššersoola
- 1/2 tl valget pipart
- 2 spl maisijahu
- 1/4 tassi vett

Juhised

1. Pange kõik koostisosad, välja arvatud maisijahu ja vesi, potti.

2. Katke ja keetke kõrgel kuumusel umbes 3 tundi või kuni bataat on krõbe ja pehme.

3. Lisa segatud maisijahu ja vesi, pidevalt segades 3–4 minutit. Serveeri oma lemmikliha eelroaga.

Maitsev perekondlik maisiflaan

(Valmis umbes 3 tunniga | 6 portsjonit)

Koostisained

- 1 tl suhkrut
- 1 tass piima
- 3 muna, kergelt lahtiklopitud
- 1 ½ tassi koorega maisi
- 1 tass tuumamaisi
- 1/2 teelusikatäit pipart
- 1/2 teelusikatäit soola
- 1/4 tl valget pipart

Juhised

1. Sega kõik koostisosad omavahel. Aseta sufleevormi.
2. Asetage see sufleeroog potti restile.
3. Katke ja keetke madalal kuumusel umbes 3 tundi.

Vürtsikas maisipuding

(Valmis umbes 3 tunniga | 6 portsjonit)

Koostisained
- Mittenakkuva toiduvalmistamissprei
- 3 keskmise suurusega muna
- 1 tass täispiima
- 1/2 tassi külmutatud terve tuumamaisi, sulatatud
- 2 spl universaalset jahu
- 1/2 tl jahvatatud köömneid
- 1 tl peent meresoola
- 1/4 tl punase pipra helbed, purustatud
- 1/4 tl musta pipart
- 1/2 tassi koorega maisi
- 2 tassi vähendatud rasvasisaldusega teravat juustu, tükeldatud
- 1 chipotle pipar, hakitud

Juhised

1. Töötle potti sisemust mittenakkuva küpsetusspreiga.

2. Püreesta munad, piim, täistera mais, universaalne jahu, köömned, sool, punase pipra helbed ja must pipar köögikombainis või blenderis ühtlaseks ja ühtlaseks massiks.

3. Vala segu õlitatud keedupotti. Lisa ülejäänud koostisosad.

4. Katke ja keetke madalal kuumusel umbes 3 tundi.

Sea abatükk kuuma kastmega

(Valmis umbes 12 tunniga | 10 portsjonit)

Koostisained

- 1 sea abapraad
- 1/2 tl jahvatatud musta pipart
- 1/2 tl Cayenne'i pipart
- 1 tl peent meresoola
- 1 spl värsket apelsinimahla
- 1 tass palsamiäädikat
- 2 spl pruuni suhkrut
- 1 spl Tabasco kastet

Juhised

1. Asetage sealiha poti põhja. Maitsesta musta pipra, Cayenne'i pipra ja meresoolaga. Vala peale apelsinimahl ja palsamiäädikas.

2. Katke ja keetke madalal kuumusel 12 tundi.

3. Eemaldage sealiha potist; kõik luud ära visata.

4. Kastme valmistamiseks varu 2 tassi vedelikku. Lisage reserveeritud vedelikule suhkur ja tabasco kaste.

5. Tükelda sealiha ja pane tagasi potti. Vala kaste sealihale.

6. Enne serveerimist hoia soojas.

Porru- ja küüslaugukreem

(Valmis umbes 3 tunniga | 6 portsjonit)

Koostisained

- 2 spl ekstra neitsioliiviõli
- 4 porrulauku (ainult valged osad), viilutatud
- 2 küüslauguküünt, hakitud
- 1/2 teelusikatäit pipart
- 2 muna, kergelt lahtiklopitud
- 1 tass täispiima
- 1/8 tl jahvatatud muskaatpähklit
- 1/2 tl meresoola
- 1/4 tl jahvatatud musta pipart
- 1/4 tl punase pipra helbed, purustatud
- 1/2 tassi Šveitsi juustu, hakitud

Juhised

1. Kuumuta väikeses malmist pannil oliiviõli keskmisel kuumusel. Prae porrut ja küüslauku umbes 8 minutit.

2. Lisa hautatud porrulauk ja küüslauk sobivale sufleevormile; lisage ülejäänud koostisosad; asetage oma potti restile.

3. Katke ja keetke madalal kuumusel 3–3,5 tundi või kuni vanillikaste on tahenenud.

4. Enne viilutamist ja serveerimist lase 10 minutit seista. See vanillikaste võib olla maitsev õhtusöök ja see täiendab ka teie lemmikrooga.

Vidalia täidetud sibul

(Valmis umbes 4 tunniga | 6 portsjonit)

Koostisained

- 4 keskmise suurusega Vidalia sibulat, kooritud
- 1/2 tassi leivapuru
- 1/2 tassi Queso fresco juustu, purustatud
- 4 päikesekuivatatud tomatit, tükeldatud
- 1/4 tassi vesikastanit
- 2 küüslauguküünt, hakitud
- 1/2 tl kuivatatud basiiliku lehti
- 1/4 teelusikatäit soola
- 1/4 tl musta pipart
- 1 munavalge
- 1/2 tassi sooja kanapuljongit

Juhised

1. Keeda Vidalia sibulat vees umbes 10 minutit; äravool.

2. Lõika Vidalia sibul pooleks ja eemalda keskkohad. Saate keskusi reserveerida muuks otstarbeks.

3. Segage segamisnõus ülejäänud koostisosad, välja arvatud kanapuljong; täida sibulapoolikud ettevalmistatud seguga.

4. Lisa täidisega sibul potti; vala sisse kanapuljong.

5. Küpseta kaane all kõrgel kuumusel umbes 4 tundi.

Suhkrustatud jamss puuviljadest ja pähklitest

(Valmis umbes 4 tunniga | 8 portsjonit)

Koostisained
- 2 naela jamssi, kooritud ja õhukesteks viiludeks
- 1/4 tassi sõstraid
- 1/4 tassi röstitud pekanipähklit, hakitud
- 2/3 tassi pakitud helepruuni suhkrut
- Näputäis soola
- 1/2 teelusikatäit pipart
- 1/4 tl jahvatatud musta pipart
- 2 spl külma võid
- 1/2 tassi vett
- 2 spl maisijahu

Juhised
1. Asetage jamss oma potti, puista peale sõstraid, pekanipähklit, fariinsuhkrut, soola, pimenti ja pipart ning määri külma võiga. Korrake kihte, kuni koostisosad on otsas.

2. Sega vesi ja maisijahu; vala potti.

3. Katke ja keetke madalal kuumusel 3 tundi; seejärel keera kuumus kõrgeks ja küpseta 1 tund kauem. Nautige!

Vahtra mee ribid

(Valmis umbes 5 tunniga | 6 portsjonit)

Koostisained

- 3 naela searibi
- 1 tass konserveeritud köögiviljapuljongit
- 1/2 tassi vett
- 1/4 tassi mett
- 3 supilusikatäit sinepit
- 1/4 tassi barbeque kastet
- 1/4 tassi tamari kastet
- 1/4 tassi puhast vahtrasiirupit

Juhised

1. Sega pannil kõik koostisosad, välja arvatud searibid.
2. Lõika ribid laiali; aseta searibid potti.
3. Katke ja küpseta 5 tundi kõrgel kuumusel või kuni sealiha kontide küljest lahti kukub. Serveeri soojalt kuuma tomatikastme ja soovi korral lisasinepiga.

Jamipäts talvepühadeks

(Valmis umbes 3 tunniga | 6 portsjonit)

Koostisained

- 1 ¼ tassi jamssi, kooritud ja jämedalt riivitud
- 1/3 tassi šalottsibulat, peeneks hakitud
- 2 hapukat õuna, tükeldatud
- 1/4 tassi kuldseid rosinaid
- 1/8 tl jahvatatud muskaatpähklit
- 1/4 tl jahvatatud nelki
- 1/4 tl jahvatatud kaneeli
- 1/4 tassi universaalset jahu
- 1/4 tassi värsket apelsinimahla
- Näputäis soola
- 1/4 tl valget pipart
- 1 suur muna

Juhised

1. Sega kõik koostisosad, välja arvatud muna; kohanda maitseaineid maitse järgi. Sega hulka muna.

2. Pange segu võiga määritud leivavormi; asetage leivavorm oma potti restile. Kata alumiiniumfooliumiga.

3. Valage potti 2 tolli kuuma vett; katke ja küpseta kõrgel temperatuuril umbes 3 tundi.

4. Laske restil seista vähemalt 5 minutit; kummuta serveerimistaldrikutele ja serveeri.

Suvikõrvits ja maguskartulipuding

(Valmis umbes 3 tunni 30 minutiga | 6 portsjonit)

Koostisained

- Rapsiõli
- 1 tass Hubbardi squashit
- 1 tass porgandit, viilutatud
- 4 keskmise suurusega bataati, kooritud ja kuubikuteks lõigatud
- 1/4 tassi apelsinimahla
- 2 spl võid
- 1/4 tassi pakendatud helepruuni suhkrut
- 1/4 tl nelki
- Näputäis soola
- 3 muna, kergelt lahtiklopitud
- 1 tass miniatuurseid vahukomme

Juhised

1. Õlitage pott seest rapsiõliga.

2. Lisa squash, porgand ja bataat; katke ja küpseta kõrgel temperatuuril umbes 3 tundi.

3. Eemaldage potist köögiviljad; puder ülejäänud koostisosadega, välja arvatud vahukommid.

4. Pange purustatud köögiviljad tagasi potti; katke kaanega ja küpseta kõrgel kuumusel 30 minutit kauem. Puista peale vahukommid ja serveeri.

Rikkalik ja kreemjas kartuligratiin

(Valmis umbes 3 tunni 30 minutiga | 8 portsjonit)

Koostisained

- 2 naela kartulit, kooritud ja viilutatud
- 1/4 tassi rohelist sibulat, viilutatud
- 1/2 teelusikatäit soola
- 1/4 tl jahvatatud musta pipart
- 2 spl võid
- 3 supilusikatäit šalottsibulat, peeneks hakitud
- 3 spl universaalset jahu
- 1 tass piima
- 2 untsi vähendatud rasvasisaldusega sulatatud juustu, kuubikuteks
- 1 tass Cheddari juustu, hakitud
- 1/2 tl kuivatatud basiiliku lehti
- 1/2 tl kuivatatud pune lehti
- 1/2 tl paprikat

Juhised

1. Laota pool viilutatud kartulitest ja rohelisest sibulast poti põhja; puista peale soola ja jahvatatud musta pipart.

2. Kastme valmistamiseks sulata väikesel pannil või; lisa šalottsibul ja jahu ning küpseta umbes 2 minutit. Vispelda vähehaaval juurde piim, sega, kuni see pakseneb või 2–3 minutit.

3. Seejärel keerake kuumus madalaks; lisa ülejäänud koostisosad. Sega, kuni kõik on hästi segunenud ja sulanud.

4. Vala pool sellest juustukastmest potti kihtide peale. Korda kihte, lõpetades juustukastmega.

5. Katke ja küpseta kõrgel temperatuuril umbes 3 ja pool tundi. Serveeri soojalt ja naudi!

Kreemjas kartul suitsusingiga

(Valmis umbes 4 tunniga | 8 portsjonit)

Koostisained

- 2 naela kartulit, viilutatud
- 12 untsi suitsusinki, kuubikuteks
- 1 kl konserveeritud seenesuppi
- 1 tl kuivatatud basiiliku lehti
- 1 tass piima
- 1 ½ tassi Monterey Jacki juustu
- Meresool, maitse järgi
- 1/4 tl musta pipart, värskelt jahvatatud
- 1/4 tl Cayenne'i pipart
- Suitsupaprika, maitse järgi

Juhised

1. Tõsta potti põhja kartulid ja suitsusink.
2. Segage suures segamiskausis ülejäänud koostisosad; vala potti.
3. Katke ja küpseta kõrgel temperatuuril umbes 4 tundi. Nautige!

Kreemjas juurviljad

(Valmis umbes 5 tunniga | 6 portsjonit)

Koostisained

- 4 väikest kartulit, viilutatud
- 1 keskmise suurusega apteegitilli sibul, viilutatud
- 1 kaalikas, viilutatud
- 1 suur porgand, viilutatud
- 2 keskmist pastinaaki, viilutatud
- 3 väikest porrulauku (ainult valged osad), viilutatud
- 2 küüslauguküünt, hakitud
- 1/2 tl kuivatatud basiiliku lehti
- Sool, maitse järgi
- 1/4 tl jahvatatud musta pipart
- 1/4 tl paprikat
- 1 tass kanapuljongit
- 1/2 tassi pool ja pool
- 1 tass hapukoort
- 2 spl maisijahu

Juhised

1. Sega kõik koostisosad, välja arvatud hapukoor ja maisijahu, oma potti.

2. Katke ja küpseta kõrgel temperatuuril umbes 5 tundi või kuni köögiviljad on pehmed.

3. Lisa kombineeritud hapukoor ja maisijahu ning jätkake küpsetamist segades 2–3 minutit. Serveeri.

Seene- ja suvikõrvitsasuflee

(Valmis umbes 4 tunniga | 8 portsjonit)

Koostisained

- 4 keskmise suurusega muna
- 3/4 tassi täispiima
- 1/4 tassi universaalset jahu
- 1 tass seened, viilutatud
- 1 kilo suvikõrvitsat, tükeldatud
- 2 spl peterselli, jämedalt hakitud
- 1 küüslauguküüs, hakitud
- 1/2 tl kuivatatud basiiliku lehti
- 1/2 tl kuivatatud pune lehti
- 1/2 tl kuivatatud rosmariini
- 1 tl soola
- 1/4 tl jahvatatud musta pipart
- 1/4 tl Cayenne'i pipart
- 1/2 tassi Parmesani juustu, riivitud

Juhised

1. Vahusta segamisnõus munad, piim ja universaalne jahu ühtlaseks massiks.

2. Seejärel lisage ülejäänud koostisosad, välja arvatud 1/4 tassi parmesani juustu.

3. Vala see segu pajarooga; puista peale ülejäänud 1/4 tassi Parmesani juustu.

4. Aseta pajanõu restile potti; katke ja küpseta 4 tundi kõrgel kuumusel. Serveeri soojalt.

Juustune spinati ja nuudli rõõm

(Valmis umbes 4 tunniga | 8 portsjonit)

Koostisained
- 1/2 tassi vähendatud rasvasisaldusega toorjuustu
- 1 tass kodujuustu
- 3 suurt muna, kergelt lahti klopitud
- 1 tass täispiima
- 1/2 tassi sõstraid
- 1/2 teelusikatäit pipart
- 2 tassi spinatit
- 1/2 tassi munanuudleid, keedetud al dente
- 1/2 teelusikatäit soola
- 1/2 tl jahvatatud musta pipart
- 1/2 tl punase pipra helbeid, purustatud
- Parmesani juust, kaunistuseks

Juhised

1. Sega keskmise suurusega kausis toorjuust ja kodujuust kokku; vahusta munad ja lisa juustusegule.

2. Segage ülejäänud koostisosad, välja arvatud parmesani juust; lusikaga sufleevormi.

3. Puista üle parmesani juustuga; asetage sufleenõu restile potti.

4. Katke ja keetke madalal kuumusel umbes 4 tundi või kuni see on hangunud.

Soolane leivapuding

(Valmis umbes 5 tunniga | 8 portsjonit)

Koostisained

- Mittenakkuva toiduvalmistamissprei
- 8 untsi leiba, kuubikuteks
- 1 tl kuivatatud basiiliku lehti
- 1/2 tl sinepiseemneid
- 2 spl võid, sulatatud
- 1 selleriribi, õhukeselt viilutatud
- 1 suur porgand, viilutatud
- 8 untsi seeni, õhukeselt viilutatud
- 1 tass šalottsibulat, peeneks hakitud
- 1 küüslauguküüs, hakitud
- 1 tass kerget koort
- 1 tass täispiima
- 4 muna, kergelt lahtiklopitud
- 1/2 teelusikatäit soola
- 1/4 tl jahvatatud musta pipart
- 1/4 tassi Provolone juustu, hakitud

Juhised

1. Piserdage saiakuubikuid mittenakkuva küpsetusspreiga; puista peale basiilik ja sinepiseemned ning viska läbi.

2. Küpsetage küpsiseplaadil temperatuuril 375 kraadi F umbes 15 minutit või kuni kuldpruunini.

3. Kuumuta või raskel pannil. Prae sellerit, porgandit, seeni, šalottsibulat ja küüslauku umbes 8 minutit.

4. Segage suures kausis ülejäänud koostisosad, välja arvatud Provolone juust; lisa määritud saiakuubikud ja praetud köögiviljad.

5. Lusikaga määritud keedupotti; puista peale rebitud Provolone juust ja pane üleöö külmkappi. Küpseta kaane all kõrgel kuumusel umbes 5 tundi.

Mais ja kartul krevettidega

(Valmis umbes 2 tunniga | 8 portsjonit)

Koostisained

- 4 maisi kõrva, poolitatud
- 2 naela punast kartulit, kooritud ja neljaks lõigatud
- 1/4 tassi krevettide keedumaitseainet
- 1 spl selleriseemneid
- 1 tl kuivatatud basiiliku lehti
- 4 porrulauku, õhukesteks viiludeks
- Vesi, vastavalt vajadusele
- 1 ½ naela keskmisi krevette

Juhised

1. Asetage kõik koostisosad, välja arvatud krevetid, potti.
2. Küpseta kõrgel kuumusel 2–2,5 tundi.
3. Lisa krevetid; jätkake küpsetamist 20 minutit või kuni krevetid on täielikult küpsenud. Serveeri soojalt.

Rikkalik ja tervislik suvepaella

(Valmis umbes 6 tunniga | 12 portsjonit)

Koostisained

- 1 spl ekstra neitsioliivõli
- 2 keskmise suurusega sibulat, viilutatud
- 3 küüslauguküünt, hakitud
- 1 kilo vürtsikat vorsti
- 2 naela tomateid, tükeldatud
- 2 tassi kanapuljongit
- 2 tassi merekarbi mahla
- 1 tass kuiva vermutit
- 2 ½ tassi riisi, kuumtöötlemata
- 1/2 tl jahvatatud köömneid
- 1/2 tl köömneid
- 1 tl safranit
- Meresool, maitse järgi
- 1/4 tl jahvatatud musta pipart
- 2 spl oliivõli
- 1 nael kala, kuubikutena
- 1 nael krevette

- 1 nael värskeid rannakarpe
- 1 roheline paprika, hakitud
- 1 tass värskeid rohelisi herneid

Juhised

1. Kuumuta oliiviõli raskel pannil keskmisel kuumusel; seejärel prae sibulat, küüslauku ja vorsti, kuni vorst on pruunistunud ja murenenud. Nõruta ja tõsta potti.

2. Sega hulka tomatid, kanapuljong, merekarbi mahl, vermut, riis, köömned, köömned, safran, sool ja must pipar; katke kaanega ja keetke madalal kuumusel 6 tundi.

3. Kuumutage samal pannil 2 spl õli; hauta kala ja krevette. Viige potti. Lisa ülejäänud koostisosad ja küpseta, kuni see on keedetud. Serveeri soojalt.

Küülik kookoskastmes

(Valmis umbes 6 tunniga | 8 portsjonit)

Koostisained

- 1 tass kookospiima
- 1 tass vett
- 3 keskmise suurusega tomatit, tükeldatud
- 2 porrulauku, hakitud
- 1 tl soola
- 1 loorberileht
- 1/2 tl jahvatatud musta pipart
- 1/2 tl punase pipra helbeid, purustatud
- 3 naela küülikuliha, lõigatud portsjonisuurusteks tükkideks

Juhised

1. Sega potis kõik koostisosad kokku.
2. Kata kaanega ja kuumuta madalal kuumusel 5–6 tundi.
3. Serveeri nuudlite või keedetud riisi peal.

Taimetoitlane kartuli- ja baklažaanimoussaka

(Valmis umbes 7 tunniga | 8 portsjonit)

Koostisained

- 1 tass kuivi pruune läätsi, loputatud ja nõrutatud
- 3 keskmise suurusega kartulit, kooritud ja viilutatud
- 1 tass vett
- 1 puljongikuubik
- 1 selleriribi, peeneks tükeldatud
- 1 keskmise suurusega sibul, viilutatud
- 3 küüslauguküünt, hakitud
- 1/2 teelusikatäit soola
- 1/4 tl värskelt jahvatatud musta pipart
- 1/4 tl jahvatatud kaneeli
- 1 tl Itaalia maitseaineid
- 1 tass porgandit, viilutatud
- 1 keskmise suurusega baklažaan, tükeldatud
- 1 tass tomateid, tükeldatud
- 1 tass toorjuustu, pehmendatud
- 2 suurt muna

Juhised

1. Laota oma potti koostisosad järgmiselt: läätsed, kartul, vesi, puljongikuubik, seller, sibul, küüslauk, sool, pipar, kaneel, Itaalia maitseained, porgand ja baklažaan.

2. Katke ja kuumutage madalal kuumusel 6 tundi.

3. Sega hulka kuubikuteks lõigatud tomatid, toorjuust ja munad. Katke ja keetke madalal kuumusel veel tund.

Karrieeritud kanakintsud kartulitega

(Valmis umbes 8 tunniga | 8 portsjonit)

Koostisained

- 1 spl karripulbrit
- 1 tl jahvatatud nelki
- 1 tl jahvatatud muskaatpähkel
- 1 tl jahvatatud ingverit
- 2 naela kana reied, kondita, nahata kuubikuteks
- 1 tl oliiviõli
- 1 keskmise suurusega kollane sibul, hakitud
- 2 küüslauguküünt, hakitud
- 1 tšillipipar, hakitud
- 1 ½ naela punast koorega kartulit, kuubikuteks
- 1 tass kookospiima

Juhised

1. Vahusta keskmise suurusega segamiskausis karripulber, nelk, muskaatpähkel ja ingver. Lõika kanakintsud hammustuse suurusteks tükkideks. Lisage kana kaussi; viska ühtlaseks katmiseks.

2. Kuumuta oliiviõli pannil; prae maitsestatud kanatükke, kuni need hakkavad pruunistuma. Lisage potti.

3. Lisa ülejäänud koostisosad. Sega segamiseks. Küpseta madalal kuumusel umbes 8 tundi.

Nami õhtupirn Clafoutis

(Valmis umbes 3 tunniga | 4 portsjonit)

Koostisained

- 2 pirni, südamikuga
- 1/2 tassi riisijahu
- 1/2 tassi noolejuurtärklist
- 1 tl söögisoodat
- 1 tl küpsetuspulbrit
- 1/2 tl ksantaankummi
- Näputäis soola
- 1/4 tassi suhkrut
- 1 tl nelki
- 1/2 tl riivitud muskaatpähklit
- 1 tl jahvatatud kaneeli
- 2 supilusikatäit taimset lüpset, sulatatud
- 2 muna
- 1 tass piima
- Kaunistuseks vahtrasiirup

Juhised

1. Lõika pirnid tükkideks ja tõsta potti.

2. Vahusta suures segamiskausis riisijahu, noolejuurtärklis, sooda, küpsetuspulber, ksantaankummi, sool, suhkur, nelk, muskaatpähkel ja kaneel.

3. Taigna valmistamiseks tehke kuivainete keskele süvend; lisage munad ja piim. Sega hästi kokku.

4. Vala tainas pirnitükkidele potti. Tuulutage potti kaas söögipulgaga.

5. Küpseta kõrgel kuumusel 3 tundi. Serveeri vahtrasiirupiga.

Õhtune risotto õuntega

(Valmis umbes 9 tunniga | 6 portsjonit)

Koostisained
- 1/4 tassi võid, sulatatud
- 1 ½ tassi Carnaroli riisi
- 3 õuna, kooritud, puhastatud südamikust ja viilutatud
- 1/4 tl jahvatatud nelki
- 1 tl jahvatatud kaneeli
- 1/4 tl koššersoola
- 1/3 tassi pruuni suhkrut
- 1 tass vett
- 2 tassi täispiima
- 1 tass õunamahla

Juhised
1. Lisage või ja riis oma potti; sega katmiseks.
2. Lisage ülejäänud koostisosad; segage hästi kokku.
3. Kata kaanega ja küpseta madalal kuumusel 9 tundi. Serveeri soojalt.

Juustu ja leiva pajaroog

(Valmis umbes 3 tunniga | 8 portsjonit)

Koostisained

- 1 spl võid, sulatatud
- 8 untsi Gruyère'i juustu, hakitud
- 8 untsi toorjuustu, hakitud
- 8 viilu leiba
- 2 tassi piima
- 4 muna
- Sool, maitse järgi
- 1/2 tl kuivatatud basiilikut
- 1/4 tl paprikat
- Lisandiks hakitud värske murulauk

Juhised

1. Töötle potti võiga.

2. Segamisnõus ühendage juustud; reserv.

3. Rebi leivaviilud tükkideks; viige potti. Aseta juustu segu leivakihile. Vahetage kihte, lõpetades leivaga.

4. Vispelda väikeses segamiskausis ülejäänud koostisosad, välja arvatud murulauk. Vala potti kihtidele.

5. Seadke pott madalaks ja keetke 3 tundi. Serveeri värske murulauguga ja naudi!

Prantsuse stiilis võileivad

(Valmis umbes 2 tunniga | 12 portsjonit)

Koostisained

- 1 kl porrulauk, hakitud
- 1 veisepõhja ümarpraad
- 1 tass vett
- 1/2 tassi kuiva punast veini
- 1 ümbrik või kastmesegu
- Sool, maitse järgi
- 1/4 tl värskelt jahvatatud musta pipart
- 1/4 tl punase pipra helbed, purustatud
- Prantsuse leib

Juhised

1. Vooderda potti põhi porruga.
2. Lisa praepotti porru peale.
3. Järgmisena lisage ülejäänud koostisosad, välja arvatud leib; avage kaas ja keetke madalal kuumusel 2 tundi.
4. Lõika praad õhukesteks viiludeks. Serveeri prantsuse leival. Kasuta kastet dippimiseks.

Bratwurst ja hapukapsa pitas

(Valmis umbes 2 tunni 30 minutiga | 6 portsjonit)

Koostisained

- 2 spl oliiviõli
- 2 naela hapukapsast, nõrutatud
- 1 suur õun, südamikust puhastatud ja tükeldatud
- 1 tl jahvatatud köömneid
- 1 tl selleriseemneid
- 6 bratwursti
- 1/2 tassi kuiva valget veini
- 2 loorberilehte
- 5-6 tera musta pipart
- 1 spl sinepit
- 6 pitapätsi

Juhised

1. Kuumuta oliiviõli tugeval pannil keskmisel kuumusel. Hauta hapukapsast ja õuna, kuni hapukapsas on pehme ja vedelikud vähenenud. Lisa köömned ja selleriseemned ning sega õrnalt ühtlaseks.

2. Pruunista bratwurst keskmisel kuumusel eraldi mittenakkuval pannil igast küljest; äravool. Vala sisse valge vein; lisa loorberilehed ja pipraterad; küpseta veel 10 minutit.

3. Võileibade valmistamiseks: rulli pitapätsidesse bratwurstid ja hapukapsas. Lisa sinep ja mässi võileivad alumiiniumfooliumisse. Valage potti põhja katmiseks vett.

4. Asetage võileivad potti. Kuumuta kõrgel temperatuuril umbes 2 tundi.

Romantiline talveõhtusöök

(Valmis umbes 2 tunni 20 minutiga | 6 portsjonit)

Koostisained

- 6 vürtsikat vorsti
- 6 pikka juuretisega rulli
- 2 spl sinepit
- 2 spl tomatiketšupit
- 6 hapukurki, viilutatud

Juhised

1. Kuumutage mittenakkuvat panni keskmisel tulel. Seejärel praadige vorstid põhjalikult läbi ja pruunistage; äravool.

2. Järgmisena lõika juuretisega rullidel otsad ära. Tee võileibu vorsti ja sinepiga.

3. Järgmisena mähkige võileivad fooliumisse; sättida potti triikile. Seejärel tuleb valada leige vesi aluse põhja ümber.

4. Kata kaanega ja kuumuta kõrgel kuumusel 2 tundi. Serveeri ketšupi ja hapukurgiga.

Kicked Up Chicken suvikõrvitsaga

(Valmis umbes 4 tunniga | 6 portsjonit)

Koostisained

- 3 keskmise suurusega kanarinda, poolitatud
- 1 tass mandlipiima
- 1/4 tassi vett
- 1/4 tassi sidrunimahla
- 2 küüslauguküünt, hakitud
- 1 keskmise suurusega sibul, hakitud
- Sool, maitse järgi
- Punane pipar, maitse järgi
- 1 tl jahvatatud ingverit
- 1 tl jahvatatud köömneid
- 1 kilo suvikõrvitsat, viilutatud
- 1 spl maisijahu
- 2 spl vett
- 1/3 tassi värsket peterselli, hakitud
- 4 tassi riisi, keedetud

Juhised

1. Pange kõik koostisosad, välja arvatud suvikõrvits, maisijahu, vesi, petersell ja riis, oma potti.

2. Kata kaanega ja küpseta madalal kuumusel umbes 4 tundi, lisades suvikõrvitsat küpsetusaja viimase 30 minuti jooksul. Broneeri kana rinnad.

3. Keera kuumus kõrgeks ja jätka küpsetamist 10 minutit; sega hulka maisijahu ja vesi, segades umbes 3 minutit.

4. Puista üle peterselliga; serveeri riisi peal.

Pidulikud Cornish kanad

(Valmis umbes 6 tunniga | 4 portsjonit)

Koostisained

- 2 külmutatud Cornish kana, sulatatud
- 1/2 tl meresoola
- 1/4 tl jahvatatud musta pipart
- 1/2 tl Cayenne'i pipart
- 1 küüslauguküüs, hakitud
- 1/3 tassi kanapuljongit
- 2 spl maisijahu
- 1/4 tassi vett

Juhised

1. Puista Cornish kanadele soola, musta pipra ja Cayenne'i pipraga; lisa hakitud küüslauk ja pane potti. Vala sisse kanapuljong.

2. Katke ja keetke madalal kuumusel 6 tundi. Eemaldage Cornish kanad ja reserveerige.

3. Segage segatud maisijahu ja vesi, segades 2–3 minutit; teenima.

Lõhe kapparikastmega

(Valmis umbes 45 minutiga | 4 portsjonit)

Koostisained
- 1/2 tassi kuiva valget veini
- 1/2 tassi vett
- 1 kollane sibul õhukesteks viiludeks
- 1/2 teelusikatäit soola
- 1/4 tl musta pipart
- 4 lõhepihvi
- 2 spl võid
- 3 spl jahu
- 1 tass kanapuljongit
- 2 tl sidrunimahla
- 3 supilusikatäit kapparid

Juhised

1. Sega potis vein, vesi, sibul, sool ja must pipar; katke kaanega ja küpseta kõrgel temperatuuril 20 minutit.

2. Lisa lõhepihvid; katke ja küpseta kõrgel kuumusel, kuni lõhe on pehme või umbes 20 minutit.

3. Kastme valmistamiseks sulata väikesel pannil keskmisel tulel või. Sega juurde jahu ja küpseta 1 minut.

4. Vala kana puljong ja sidrunimahl; vahusta 1 kuni 2 minutit. Lisa kapparid; serveeri kastet lõhega.

Juustune merikurat lillkapsaga

(Valmis umbes 8 tunniga | 4 portsjonit)

Koostisained

- 1 purk (14 untsi) vähendatud naatriumisisaldusega kanapuljong
- 1 nael Yukoni kartulit, kooritud ja kuubikuteks lõigatud
- 1/2 tassi rohelist sibulat, hakitud
- 1 suur porgand, tükeldatud
- 1/2 peast lillkapsast, purustatud õisikuteks
- 1 nael merikuradi, kuubikutena
- Sool, maitse järgi
- Purustatud punase pipra helbed, maitse järgi
- 3/4 tl kuuma pipra kastet
- 1/2 tassi vähendatud rasvasisaldusega Cheddari juustu, tükeldatud

Juhised

1. Asetage oma potti viis esimest koostisosa. Seadke pott madalale; küpseta umbes 8 tundi.

2. Seejärel töötle keedetud segu köögikombainis, kuni saavutad soovitud konsistentsi; tagasi potti.

3. Lisa ülejäänud koostisosad, välja arvatud kuum kaste ja juust; jätkake küpsetamist madalal kuumusel 15 minutit kauem.

4. Lisa kuuma pipra kaste ja juust; lase seista, kuni Cheddari juust on sulanud. Serveeri soojalt või toatemperatuuril.

Südamlik lestakoor

(Valmis umbes 6 tunniga | 4 portsjonit)

Koostisained

- 2 tassi merekarbi mahla
- 3 keskmise suurusega kartulit, kuubikuteks kooritud
- 1 tass brokkoli õisikuid
- 1 tass rohelisi ube
- 1 kl porrulauk, hakitud
- 1 porgand, tükeldatud
- 1 ribi seller, tükeldatud
- 1 küüslauguküüs, purustatud
- 1/2 tl kuivatatud majoraanilehti
- 1/4 tl Must, jahvatatud
- 1/4 tl kuiva sinepit
- 2 tassi täispiima
- 8 untsi lestafileed, nahata ja kuubikuteks
- 4 untsi krabiliha
- Sellerisool maitse järgi
- 1/4 tl valget pipart

Juhised

1. Valage potti merekarbi mahl, kartul, spargelkapsas, rohelised oad, porrulauk, porgand, seller, küüslauk, majoraan, muskaat ja kuiv sinep.

2. Seadke pott madalale tasemele ja küpsetage umbes 6 tundi.

3. Lisa piim ja jätka küpsetamist veel 30 minutit. Suurendage kuumust kõrgeks; viimase 15 minuti jooksul lisa lestafileed, krabiliha, sellerisool ja valge pipar.

4. Jaga supikausside vahel ja serveeri soovi korral krutoonidega.

Rikkalik mereandide supp peekoniga

(Valmis umbes 5 tunniga | 4 portsjonit)

Koostisained

- 1 ½ tassi merekarbi mahla
- 1/4 tassi kuiva kirsiveini
- 4 suurt Yukoni kuldkartulit, kooritud ja kuubikuteks lõigatud
- 1 suur magus sibul, hakitud
- 1 ribi seller, tükeldatud
- 1 rutabaga, tükeldatud
- 1 tass 2% vähendatud rasvasisaldusega piima
- 1 nael hiidlest, kuubikuteks
- Paar tilka Tabasco kastet
- 3/4 tl hõõrutud salvei
- 1 tl kuivatatud petersellihelbeid
- Sool, maitse järgi
- Paprika maitse järgi
- 2 viilu keedetud peekonit, purustatud

Juhised

1. Kõigepealt pange oma potti kuus esimest koostisosa.

2. Järgmisena küpseta kõrgel temperatuuril 4–5 tundi. Asenda valmistatud supp blenderisse või köögikombaini; lisa piim ja sega, kuni kõik on hästi segunenud; tagasi potti.

3. Lisa ülejäänud koostisosad, välja arvatud purustatud peekon. Jätkake küpsetamist veel 15 minutit.

4. Jaga supp nelja serveerimiskausi vahel, puista peale peekon ja naudi!

Värskendav kalakoor munaga

(Valmis umbes 8 tunniga | 6 portsjonit)

Koostisained

- 2 tassi vett
- 1 tl kanapuljongikontsentraati
- 2 suuremat bataati, kuubikuteks lõigatud ja kooritud
- 1 tass porgandit, poolitatud
- 1/2 tassi porrulauku, hakitud
- 3/4 tl kuivatatud tilli umbrohtu
- 1/2 tl punase pipra helbeid, purustatud
- 2 tassi 2% vähendatud rasvasisaldusega piima, jagatud
- 1 ½ naela nahata kalafileed valikuliselt, viilutatud
- 1 tass kurki, seemnetest puhastatud ja tükeldatud
- 1 spl laimimahla
- Sellerisool maitse järgi
- Hakitud murulauk, kaunistuseks
- Kaunistuseks kõvaks keedetud munaviilud

Juhised

1. Kombineerige oma potti seitse esimest koostisosa; küpseta madalal kuumusel 6–8 tundi.

2. Viimase 30 minuti jooksul lisage piim. Sega kala ja kurk küpsetusaja viimase 10 minuti jooksul.

3. Lisa laimimahl ja sellerisool ning sega ühtlaseks.

4. Kaunista supikausid murulaugu ja kõvaks keedetud munaviiludega.

Vürtsikas maguskartuli tšilli

(Valmis umbes 8 tunniga | 6 portsjonit)

Koostisained

- 1 nael kanarind, kondita ja nahata
- 2 tassi kana puljongit
- 1 spl õunasiidri äädikat
- 2 tassi konserveeritud ube, loputatud ja nõrutatud
- 1 tass kevadisibulat, hakitud
- 2 küüslauguküünt, hakitud
- 1 tass nööpeseeni, viilutatud
- 1 porgand, õhukeselt viilutatud
- 2 keskmise suurusega bataati, kooritud ja kuubikuteks lõigatud
- 3/4 tl jalapeño tšillit
- 1 ½ tl ingverijuurt
- 1 tl, jahvatatud köömned
- 1/2 tl jahvatatud koriandrit
- 1/2 teelusikatäit pipart
- Sool, maitse järgi
- Jahvatatud must pipar, maitse järgi
- Kaunistuseks hapukoor

Juhised

1. Kombineerige kõik koostisosad, välja arvatud hapukoor, oma potti.

2. Kata kaanega ja küpseta madalal kuumusel 6–8 tundi.

3. Serveeri hapukoorega ja naudi.

Tšilli kalkuni ja röstitud pipraga

(Valmis umbes 8 tunniga | 6 portsjonit)

Koostisained

- 1 nael jahvatatud kalkun
- 1 ½ tassi konserveeritud tomateid, hautatud
- 1 purk (15 untsi) punaseid ube, loputatud ja nõrutatud
- 1 väike jalapeño pipar, hakitud
- 1 tass punast sibulat, hakitud
- 1/2 tassi röstitud punast pipart, jämedalt hakitud
- 1/2 supilusikatäit tšillipulbrit
- 1/4 tl jahvatatud kaneeli
- Selleri sool, maitse järgi
- Must pipar, maitse järgi
- Suitsupaprika maitse järgi

Juhised

1. Kuumuta mittenakkuva pann keskmisel-kõrgel leegil. Pruunista kalkunit kahvliga purustades umbes 5 minutit. Tõsta pruunistatud veisehakkliha potti.

2. Lisage ülejäänud koostisosad; kata kaanega ja küpseta madalal kuumusel umbes 8 tundi.

3. Serveeri soovi korral maisikrõpsudega.

Musta oa tšilli squashiga

(Valmis umbes 8 tunniga | 6 portsjonit)

Koostisained

- 1 nael veisehakkliha
- 2 tassi tomatimahla
- 1 tass rammusat tomatikastet
- 1 tass vett
- 1 spl laimi
- 1 ½ tassi konserveeritud musti ube, loputatud ja nõrutatud
- 2 tassi sibulat, hakitud
- 2 küüslauguküünt, hakitud
- 1/2 tassi sellerit, kuubikuteks
- 2 tassi kõrvitsat
- 1 tass suvikõrvitsat
- 1 tass seened
- 1 väike jalapeño tšilli, peeneks hakitud
- 1 ½ tl tšillipulbrit
- 1 meresool
- 1/4 tl jahvatatud musta pipart
- 6 laimi viilu

Juhised

1. Kõigepealt pruunista veisehakkliha mittenakkuval pannil umbes 8 minutit, kahvliga murendades. Viige potti.

2. Segage ülejäänud koostisosad, välja arvatud laimiviilud; seadke pott madalale ja küpseta 6–8 tundi.

3. Serveeri laimiviiludega.

Türgi ja Cannellini Bean Chili

(Valmis umbes 8 tunniga | 6 portsjonit)

Koostisained

- 1 kilo lahja veisehakkliha
- 2 tassi tomatikastet
- 2 tassi cannellini ube
- 1 tass kevadisibulat, hakitud
- 1 küüslauguküüs, hakitud
- 1 spl tšillipulbrit
- 2 tl pruuni suhkrut
- 1 tl selleriseemneid
- 1 tl jahvatatud köömneid
- Sool, maitse järgi
- Jahvatatud must pipar, maitse järgi

Juhised

1. Küpseta veisehakkliha malmpannil keskmisel kuumusel 8–10 minutit või kuni see on pruunistunud.

2. Lisa ülejäänud koostisosad ja keeda madalal kuumusel 6–8 tundi.

3. Jaga valmis tšilli kuue supikausi vahel ja serveeri soojalt koos lemmiksalatiga.

Lihtne veise- ja sealiha tšilli

(Valmis umbes 8 tunniga | 6 portsjonit)

Koostisained

- 1 spl oliiviõli
- 1 nael lahja veiseliha
- 1/2 naela jahvatatud sealiha
- 2 tassi pintoube, loputatud ja nõrutatud
- 2 tassi hautatud tomateid
- 2 tassi terve tuumaga maisi
- 1 kl porrulauk, hakitud
- 1/2 tassi punast paprikat, tükeldatud
- 2 spl taco maitseainesegu
- Soola maitse järgi
- Must pipar maitse järgi
- Paprika maitse järgi
- Vähendatud rasvasisaldusega hapukoor, kaunistuseks
- Küpsised, kaunistuseks

Juhised

1. Kuumuta oliiviõli laias kastrulis. Järgmisena küpseta hakkliha ja sealiha umbes 10 minutit. Murenda kahvliga.

2. Lisa ülejäänud koostisosad, välja arvatud hapukoor ja küpsised; katke kaanega ja keetke madalal kuumusel umbes 8 tundi.

3. Jaga serveerimiskausside vahel, serveeri hapukoore ja küpsistega.

Itaalia stiilis tšilli

(Valmis umbes 8 tunniga | 8 portsjonit)

Koostisained

- 12 untsi lahja jahvatatud kalkun
- 3 tassi vett
- 1 purk (28 untsi) purustatud tomatit
- 1 punane paprika, viilutatud
- 1 kollane paprika, viilutatud
- 1/2 tassi sibulat, hakitud
- 3 küüslauguküünt, hakitud
- 1 tl jahvatatud köömneid
- 2 spl tšillipulbrit
- 1 kuivatatud petersell
- 2 tl kuivatatud pune lehti
- 1 tl vürtspipart
- Sool, maitse järgi
- 1/4 tl musta pipart
- 1 kilo spagetid, keedetud
- Vähendatud rasvasisaldusega Cheddari juust, tükeldatud

Juhised

1. Pruunista jahvatatud kalkuniliha suurel mittenakkuval pannil keskmisel kuumusel umbes 5 minutit.

2. Kombineerige kalkun oma potti ülejäänud koostisosadega, välja arvatud spagetid ja Cheddari juust; küpseta madalal kuumusel 8 tundi.

3. Serveeri spagettide ja Cheddari juustuga.

Pere lemmik tšilli

(Valmis umbes 8 tunniga | 8 portsjonit)

Koostisained

- 1 nael veisehakkliha
- 1 tass sibulat, hakitud
- 1 roheline paprika, tükeldatud
- 1 punane paprika, tükeldatud
- 1 poblano pipar, hakitud
- 2 küüslauguküünt, hakitud
- 2 tl jahvatatud köömneid
- 1 tl kuivatatud pune lehti
- 1 tl kuivatatud basiiliku lehti
- 1/2 tl riivitud ingverit
- 1 supilusikatäis koriandrit
- 2 tassi tomateid, nõrutamata ja kuubikuteks lõigatud
- 1 tass vett
- 1 purk (15 untsi) pintoube, loputatud ja nõrutatud
- 1/4 tassi tomatiketšupit
- 3/4 tassi õlut
- 1 spl magustamata kakaod

- Sool, maitse järgi
- Must pipar, maitse järgi
- Paprika, maitse järgi
- Kaunistuseks hapukoor

Juhised

1. Kõigepealt küpseta veisehakkliha kergelt määritud kastrulis keskmisel kuumusel. Küpseta, kuni veiseliha on pruunistunud ja läbi küpsenud või umbes 10 minutit.

2. Lisa kastrulisse veiseliha. Seejärel lisage potti ülejäänud koostisosad, välja arvatud hapukoor; katke kaanega ja keetke madalal kuumusel umbes 8 tundi.

3. Kaunista iga tšilli kauss hapukoorega.

Lihtne sisefilee tšilli

(Valmis umbes 6 tunniga | 4 portsjonit)

Koostisained

- 1 nael sea sisefilee, kuubikuteks
- 1 purk (15 untsi) vähendatud naatriumisisaldusega rasvavaba köögiviljapuljongit
- 1 purk (15 untsi) ube, loputatud
- 1 kilo viilutatud ploomtomateid
- 1 suur jalapeño tšilli, hakitud
- 1 spl tšillipulbrit
- 1 tl röstitud köömneid
- Sool, maitse järgi
- Must pipar, maitse järgi
- Cayenne'i pipar maitse järgi
- Maisikrõpsud, kaunistuseks

Juhised

1. Kombineeri kõik koostisosad, välja arvatud maisikrõpsud, potti.
2. Küpseta kaane all kõrgel kuumusel umbes 6 tundi.
3. Serveeri maisikrõpsudega ja naudi!

Maitsev tomatioasupp

(Valmis umbes 7 tunniga | 6 portsjonit)

Koostisained

- 1 liitrit kanapuljongit
- 2 purki (15 untsi) ube, loputatud, nõrutatud
- 1 tass keedetud peekonit, tükeldatud
- 1 nael lambaliha, kuubikutena
- 1 tass talisibulat
- 1 ribi seller, tükeldatud
- 1 suur porgand, tükeldatud
- 1 küüslauguküüs, hakitud
- 1 tl Itaalia maitseainesegu
- 3 roma tomatit, tükeldatud
- Sool, maitse järgi
- Must pipar, maitse järgi
- Cayenne'i pipar, maitse järgi
- Küpsised, kaunistuseks

Juhised

1. Sega kõik koostisosad, välja arvatud küpsised, potti.

2. Seejärel katke kaanega ja keetke madalal kuumusel umbes 7 tundi.

3. Serveeri küpsistega ja naudi!

Lambaliha Chili singiga

(Valmis umbes 8 tunniga | 6 portsjonit)

Koostisained

- 1 liitrit köögiviljapuljongit
- 2 purki (15 untsi) pintoube, loputatud, nõrutatud
- 1 tass osaliselt keedetud sinki, tükeldatud
- 1 nael lambaliha, kuubikutena
- 1 suur punane sibul, peeneks hakitud
- 2 küüslauguküünt, hakitud
- 1 suur porgand, tükeldatud
- 1 ribi seller, tükeldatud
- 1 tl Itaalia maitseainesegu
- 1 tass tomatikastet
- Sool, maitse järgi
- Must pipar, maitse järgi
- Cayenne'i pipar, maitse järgi
- Kaunistuseks hapukoor

Juhised

4. Pange kõik koostisosad, välja arvatud hapukoor, potti.

5. Seadke pott madalale; küpseta oma tšillit 7–8 tundi.

6. Kaunista hapukoorega ja serveeri.

Kreemjas köögiviljasupp

(Valmis umbes 4 tunniga | 4 portsjonit)

Koostisained

- 2 tassi köögiviljapuljongit
- 2-3 sibulat, hakitud
- 3/4 tassi seeni, õhukeselt viilutatud
- 1 tass külmutatud artišokisüdameid, sulatatud ja peeneks hakitud
- 1 tass kerget koort
- 2 spl maisitärklist
- Sool, maitse järgi
- Must pipar, maitse järgi
- Kaunistuseks punase pipra helbed

Juhised

1. Kombineerige oma potti neli esimest koostisosa; katke kaanega ja küpseta kõrgel kuumusel 4 tundi.

2. Sega hele koor ja maisitärklis. Lisage see segu potti, segades 2–3 minutit.

3. Maitsesta soola ja musta pipraga. Puista iga kaussi suppi punase pipra helvestega.

Sügisene rooskapsasupp

(Valmis umbes 4 tunniga | 4 portsjonit)

Koostisained

- 1 nael rooskapsast, poolitatud
- 1/2 tassi magusat sibulat, hakitud
- 1 küüslauguküüs, hakitud
- 1 tl sibulapulbrit
- 1 tl selleriseemneid
- 1/2 tl kuivatatud rosmariini lehti
- 1 tass köögiviljapuljongit
- 1 tass 2% vähendatud rasvasisaldusega piima
- Sool, maitse järgi
- Must pipar, maitse järgi
- Lisandiks jahvatatud muskaatpähkel

Juhised

1. Lisa potti rooskapsas, magus sibul, küüslauk, sibulapulber, selleriseemned, rosmariin ja köögiviljapuljong; katke kaanega ja küpseta kõrgel temperatuuril 3–4 tundi.

2. Vala supp köögikombaini või blenderisse. Lisage 2% vähendatud rasvasisaldusega piima. Blenderda, kuni saavutad ühtlase konsistentsi.

3. Maitsesta soola ja musta pipraga. Jaga nelja supikausi vahel ja puista kergelt muskaatpähkliga; teenima.

Taimetoitlane koorega maisisupp

(Valmis umbes 4 tunni 30 minutiga | 4 portsjonit)

Koostisained

- 3 ½ tassi köögiviljapuljongit
- 1/2 tassi talisibulat, hakitud
- 1 suur porgand, tükeldatud
- 2 keskmise suurusega kartulit, kooritud ja kuubikuteks lõigatud
- 1 küüslauguküüs, hakitud
- 1 purk (151/2 untsi) täistera maisi, nõrutatud
- 1 tass vähendatud rasvasisaldusega piima
- 2 spl maisitärklist
- Selleri sool, maitse järgi
- Valge pipar, maitse järgi
- Paprika, kaunistuseks
- Kaunistuseks hapukoor

Juhised

1. Kombineeri köögiviljapuljong, talisibul, porgand, kartul ja küüslauk.

2. Katke ja küpseta kõrgel temperatuuril 4 tundi. Püreesta supp köögikombainis kreemjaks ja ühtlaseks; tagasi potti.

3. Lisage maisi tuuma ja jätkake küpsetamist kõrgel 30 minutit kauem. Seejärel lisage vähendatud rasvasisaldusega piim ja maisitärklis, segades pidevalt 3 minutit. Puista üle sellerisoola ja valge pipraga ning sega uuesti läbi. Kaunista paprika ja hapukoorega.

Rikkalik kartuli-Pistou supp

(Valmis umbes 4 tunni 20 minutiga | 6 portsjonit)

Koostisained

- 2 liitrit vett
- 1 ümbrik sibulasupi segu
- 2 tassi sibulat, hakitud
- 5 küüslauguküünt, poolitatud
- 4 Yukoni kuldkartulit, kooritud ja kuubikuteks lõigatud
- 5 seemnetest puhastatud ja tükeldatud ploomtomatit
- 2 keskmise suurusega suvikõrvitsat, viilutatud
- 3/4 tl selleriseemneid
- 1 tl kuivatatud basiiliku lehti
- 1/4 tassi Parmesani juustu, riivitud
- Sool, maitse järgi
- Must pipar, maitse järgi
- Punase pipra helbed, kaunistuseks

Juhised

1. Sega potti vesi, sibulasupisegu, sibul, küüslauk, kartul, tomat, suvikõrvits, selleriseemned ja basiilikulehed.

2. Seejärel seadke pott kõrgele ja küpseta 3–4 tundi.

3. Seejärel lisa supp köögikombaini. Segage ülejäänud koostisosad, välja arvatud punase pipra helbed; segage, kuni saavutate soovitud konsistentsi.

4. Tõsta kreemjas supp potti tagasi; katke kaanega ja küpseta kõrgel temperatuuril 15–20 minutit kauem; puista peale punase pipra helbed ja serveeri soojalt.

Värskendav röstitud punase pipra supp

(Valmis umbes 3 tunniga | 4 portsjonit)

Koostisained

- 1 ½ tassi köögiviljapuljongit
- 3/4 tassi purgis röstitud punast paprikat
- 1 spl palsamiäädikat
- 1 tass vett
- 1/2 tassi sibulat, hakitud
- 1 kurk, tükeldatud
- 1 tass kartulit, kuubikuteks
- 1 tl jahvatatud piment
- Sool, maitse järgi
- Valge pipar, maitse järgi
- Paprika, maitse järgi
- 1 ½ tassi tavalist jogurtit
- 2 spl maisitärklist

Juhised

1. Sega potis kõik koostisosad, välja arvatud jogurt ja maisitärklis; katke ja küpseta kõrgel temperatuuril umbes 3 tundi.

2. Lisage pidevalt segades kombineeritud jogurt ja maisitärklis 2–3 minutit.

3. Püreesta segu köögikombainis ühtlaseks, kreemjaks ja ühtlaseks; pane külmkappi ja serveeri jahutatult.

Vanaaegne veiselihahautis

(Valmis umbes 8 tunniga | 4 portsjonit)

Koostisained

- 1 tass vähendatud naatriumisisaldusega rasvavaba veiselihapuljongit
- 1 nael veiseliha ümmargune praad, lõigatud ribadeks
- 1/2 tassi kuiva punast veini
- 2 tassi rohelisi ube
- 1 sibul, peeneks hakitud
- 2 keskmise suurusega kartulit
- 1 sellerivars, tükeldatud
- 3 porgandit, paksult viilutatud
- 1 tl kuivatatud majoraani lehti
- 1 tl kuivatatud tüümiani lehti
- 1 tl kuivatatud salvei
- Sool ja must pipar, maitse järgi
- Cayenne'i pipar, maitse järgi

Juhised

1. Sega potis kõik koostisained kokku.

2. Kata kaanega ja keeda madalal kuumusel 8 tundi.

3. Serveeri kuumalt keedetud nuudlite peal.

Terav kurgisupp

(Valmis umbes 3 tunniga | 4 portsjonit)

Koostisained

- 1 ½ tassi kanapuljongit
- 2 spl õunasiidri äädikat
- 1 tass vett
- 1/2 tassi sibulat, peeneks hakitud
- 1 kurk, tükeldatud
- 1 tl värsket tilli umbrohtu
- 1 tass kartulit, tükeldatud
- 1 tl jahvatatud kaneeli
- Sool, maitse järgi
- Must pipar, maitse järgi
- Punase pipra helbed, maitse järgi
- 1 ½ tassi tavalist jogurtit
- 2 spl maisitärklist

Juhised

1. Asetage oma potti kõik koostisosad, välja arvatud jogurt ja maisitärklis.

2. Kata kaanega ja küpseta kõrgel kuumusel umbes 3 tundi.

3. Vahusta mõõtetopsis jogurt maisitärklisega; lisage potti ja küpseta sageli segades 2–3 minutit.

4. Vala see segu köögikombaini või blenderisse. Töötle ühtlaseks ja kreemjaks; serveeri jahutatult.

Lihtne Nami veiselihahautis

(Valmis umbes 5 tunniga | 6 portsjonit)

Koostisained

- 2 naela veiseliha, kuubikuteks
- 1 tass veiselihapuljongit
- 1 magus punane paprika
- 1 tass talisibul, hakitud
- 3 küüslauguküünt, hakitud
- 1 pastinaak, kuubikuteks
- 1 seller, tükeldatud
- 1/2 tassi kuiva punast veini või veiselihapuljongit
- 2 keskmise suurusega punast kartulit
- 2 spl tomatiketšupit
- 1 spl õunasiidri äädikat
- 1/2 tl kuivatatud rosmariini lehti
- 2 suurt loorberilehte
- Sool, maitse järgi
- Must pipar, maitse järgi
- Paprika, maitse järgi
- 2 spl maisitärklist

- 1/4 tassi külma vett

Juhised

1. Asetage kõik koostisosad, välja arvatud maisitärklis ja külm vesi, oma potti; katke kaanega ja küpseta kõrgel temperatuuril 4–5 tundi.

2. Segage segatud maisitärklis ja külm vesi, segades 2–3 minutit. Viska loorberileht ära ja serveeri soovi korral riisiga.

Südamlik kanahautis

(Valmis umbes 6 tunniga | 4 portsjonit)

Koostisained

- 1 purk (10 ¾ untsi) vähendatud naatriumisisaldusega kondenseeritud kanasuppi

- 1 ¼ tassi 2% vähendatud rasvasisaldusega piima

- 1 tass vett

- 1 punane paprika, tükeldatud

- 1 roheline paprika, tükeldatud

- 1 poblano pipar, hakitud

- 1 nael kanarinda, kondita, nahata ja kuubikuteks

- 1 tass sibul, viilutatud

- 1/2 tassi naeris, tükeldatud

- 1/2 tassi porgandit, õhukeselt viilutatud

- 1/2 tl kuivatatud pune

- 1/2 tl kuivatatud rosmariini

- 1/2 tl selleri soola

- 1/4 tl punase pipra helbed, purustatud

- 1/4 tl jahvatatud musta pipart

- 2 spl maisitärklist

- 1/4 tassi külma vett

Juhised

1. Sega potis kanasupp, piim ja vesi.

2. Segage ülejäänud koostisosad, välja arvatud maisitärklis ja vesi; katke kaanega ja keetke madalal kuumusel 5–6 tundi.

3. Seejärel lisage segatud maisitärklis ja külm vesi, segades sageli 2–3 minutit. Serveeri soovi korral keedetud kartulitega.

Vorst ja kalkunihautis

(Valmis umbes 5 tunniga | 4 portsjonit)

Koostisained

- 2 tassi suitsukalkunit
- 2 tassi vorstilinke, viilutatud
- 1 purk (28 untsi) tomateid, tükeldatud
- 2 röstitud küüslauguküünt, nõrutamata
- 2 supilusikatäit kuiva vermutit
- 1 tass sibul, hakitud
- 1 tass terve tuumaga maisi
- 1 paprika, tükeldatud
- 1/2 tl kuivatatud basiiliku lehti
- 1/2 tl kuivatatud tüümiani lehti
- Sool, maitse järgi
- Must pipar, maitse järgi
- Paar tilka Tabasco kastet

Juhised

1. Sega kõik koostisosad, välja arvatud Tabasco kaste, potti.
2. Katke ja küpseta kõrgel temperatuuril 5 tundi.
3. Nirista Tabasco kastmega; teenima.

Türgi ja oahautis

(Valmis umbes 8 tunniga | 4 portsjonit)

Koostisained

- 1 nael kalkunirind, lõigatud hammustuse suurusteks tükkideks
- 2 tassi ube, loputatud ja nõrutatud
- 1 purk (14 ½ untsi) kanapuljong
- 1 tass tomatimahla
- 2 tassi kõrvitsat, kooritud ja kuubikuteks lõigatud
- 1 tass sibul, hakitud
- 1 tass maguskartulit, kuubikuteks
- 1 jalapeño pipar, hakitud
- 1 tl selleriseemneid, röstitud
- Sool, maitse järgi
- Must pipar, maitse järgi
- 1/2 tl kuivatatud basiilikut
- 1/2 tl kuivatatud pune
- Värske murulauk, kaunistuseks
- 1/4 tassi piiniaseemneid, jämedalt hakitud

Juhised

1. Pane kõik koostisosad, välja arvatud värske murulauk ja piiniapähklid, potti.

2. Kata kaanega ja küpseta madalal kuumusel umbes 8 tundi.

3. Puista igasse serveerimiskaussi murulauku ja hakitud piiniaseemneid.

Tursa ja krevettide hautis

(Valmis umbes 4 tunniga | 8 portsjonit)

Koostisained

- 1 tass merekarbi mahla
- 1 purk (28 untsi) hautatud tomateid
- 1/2 tassi kuiva valget veini
- 1/2 tassi sibulat, peeneks hakitud
- 3 küüslauguküünt, hakitud
- 1/2 tl kuivatatud tüümiani
- 1 tl kuivatatud basiilikut
- 1 tl kuivatatud pune lehti
- 2 loorberilehte
- Sool, maitse järgi
- Must pipar, maitse järgi
- 1 nael viilutatud tursafileed
- 1 ½ tassi krevette, kooritud ja tükeldatud

Juhised

1. Asetage kõik koostisosad, välja arvatud tursafileed ja krevetid, potti; katta kaanega.

2. Seadke pott kõrgele ja küpseta 3–4 tundi, lisades viimase 15 minuti jooksul tursafileed ja krevette. Loorberilehed visake ära; serveeri maisileivaga.

Suvine vürtsikas kalahautis

(Valmis umbes 5 tunni 15 minutiga | 8 portsjonit)

Koostisained

- 1 tass merekarbi mahla
- 1 tass kuiva valget veini
- 2 purki (14 ½ untsi) nõrutamata ja kuubikuteks lõigatud tomatit
- 1 kl porrulauk, hakitud
- 1 küüslauguküüs, hakitud
- 1/2 tassi apteegitilli õhukesteks viiludeks
- 1/2 peast brokkoli, tükeldatud
- 1/2 sellerit, tükeldatud
- 1 loorberileht
- 1/2 tl kuivatatud tüümiani
- 3/4 tl tilli umbrohtu
- 1 tl sidrunikoort, riivitud
- 1/4 tassi peterselli, hakitud
- 2 supilusikatäit koriandrit
- Sool, maitse järgi
- Must pipar, maitse järgi
- Cayenne'i pipar, maitse järgi

- 1 kilo kalafileed, kuubikuteks

- 8 untsi krevetid, kooritud ja tükeldatud

- 12 rannakarpi, kooritud

Juhised

1. Asetage kõik koostisosad, välja arvatud mereannid, potti; katke kaanega ja küpseta kõrgel temperatuuril 5 tundi.

2. Lisa kastrulisse kalafileed, krevetid ja rannakarbid ning jätka küpsetamist veel 15 minutit.

3. Viska loorberileht ära ja serveeri soojalt koos keedetud riisiga.

Taimetoit igaks aastaajaks

(Valmis umbes 4 tunniga | 4 portsjonit)

Koostisained

- 1 ½ tassi köögiviljapuljongit
- 1 tass rohelisi ube
- 1 tass uut kartulit
- 1/2 tassi porgandit, tükeldatud
- 1/2 kaalikat, tükeldatud
- 2 keskmise suurusega ploomtomatit, tükeldatud
- 4 rohelist sibulat, viilutatud
- 1/2 tl kuivatatud majoraanilehti
- 4 viilu taimetoidu peekonit, praetud krõbedaks, murendatud
- 1 tass rooskapsast
- 10 spargli oda, lõigatud väikesteks tükkideks
- 2 spl maisitärklist
- 1/4 tassi külma vett
- 1/4 tl jahvatatud musta pipart
- Sool, maitse järgi
- 1/4 tl paprikat
- 3 tassi keedetud pruuni riisi, soe

Juhised

1. Sega potti köögiviljapuljong, rohelised oad, kartul, porgand, kaalikas, tomat, sibul ja majoraanilehed.

2. Katke ja küpseta kõrgel temperatuuril umbes 4 tundi.

3. Lisa ülejäänud koostisosad, välja arvatud keedetud riis, viimase 30 minuti jooksul.

4. Serveeri pruuni riisiga ja naudi!

Vegan nisumarja- ja läätsehautis

(Valmis umbes 8 tunniga | 8 portsjonit)

Koostisained

- 3 tassi köögiviljapuljongit
- 1/2 tassi kuivatatud läätsi
- 1 tass nisu marju
- 1 ½ naela kartuleid, kuubikuteks
- 1 kl porrulauk, hakitud
- 1 porgand, tükeldatud
- 1 varsseller, tükeldatud
- 3 küüslauguküünt, hakitud
- Selleri sool, maitse järgi
- Must pipar, maitse järgi

Juhised

1. Pange kõik koostisosad oma potti; katke pott kaanega; küpseta umbes 8 tundi.
2. Serveeri oma lemmikmaisi leivaga ja naudi!

Perekond punane tšilli

(Valmis umbes 8 tunniga | 4 portsjonit)

Koostisained

- 8 untsi jahvatatud veise välisfilee
- 1 purk (28 untsi) purustatud tomatit
- 1 purk (15 untsi) punaseid ube, loputatud ja nõrutatud
- 1 punane paprika, tükeldatud
- 1 kollane paprika, tükeldatud
- 1/2 tassi punast sibulat, hakitud
- 1 tass suurt punast sibulat
- 2 spl punase veini äädikat
- 1 tl tšillipulbrit
- 1/4 tl jahvatatud kaneeli
- 2/3 tassi mahedat Picante kastet
- Sool, maitse järgi
- Must pipar, maitse järgi

Juhised

1. Kergelt määritud suurel pannil pruunista veisehakkliha keskmisel leegil. Küpseta umbes 5 minutit, purustades kahvliga.

2. Viige keedetud veiseliha potti ja lisage ülejäänud koostisosad; katke kaanega ja küpseta madalal kuumusel 6–8 tundi. Serveeri soovi korral soojalt koos maisijahukrõpsudega.

Türgi tšilli lehtkapsaga

(Valmis umbes 8 tunniga | 8 portsjonit)

Koostisained

- 1 spl oliiviõli
- 1 ½ naela lahja jahvatatud kalkun
- 2 purki (15 untsi) cannellini ube, loputatud ja nõrutatud
- 1 tass tomatipastat
- 1/2 tassi punast sibulat, hakitud
- 1 loorberileht
- 1/2 tl kuivatatud rosmariini
- 1 tl jahvatatud köömneid
- 1/2 tl köömneid
- 1 ½ tassi lehtkapsast, jämedalt hakitud
- 1/4 tl musta pipart
- 1/4 tl Cayenne'i pipart
- Selleri sool, maitse järgi

Juhised

1. Määri suur pann kergelt oliiviõliga. Küpseta jahvatatud kalkunit, kuni see on pruunistunud või umbes 10 minutit.

2. Asetage keedetud liha ja ülejäänud koostisosad, välja arvatud lehtkapsas, potti; katke kaanega ja küpseta madalal kuumusel umbes 8 tundi.

3. Lisa lehtkapsas küpsetusaja viimase 20 minuti jooksul.

4. Maitse, kohanda maitseaineid ja serveeri soojalt.

Pikantne kanavorst tšilli

(Valmis umbes 6 tunniga | 4 portsjonit)

Koostisained

- 4 untsi kana vorsti, viilutatud
- 2 roma tomatit, tükeldatud
- 2 kuhjaga supilusikatäit tomatiketšupit
- 2 tassi konserveeritud ube
- 1 suur punane sibul, peeneks hakitud
- 1 roheline paprika, tükeldatud
- 1 punane paprika, tükeldatud
- 1 tl jahvatatud köömneid
- 1 supilusikatäis koriandrit, hakitud
- 1 spl tšillipulbrit
- Sool, maitse järgi
- Kaunistuseks hapukoor

Juhised

1.Küpseta vorsti mittenakkuval pannil pruuniks või umbes 6 minutit. Asendage potti.

2.Segage ülejäänud koostisosad, välja arvatud hapukoor; katke kaanega ja küpseta madalal kuumusel umbes 6 tundi.

3.Serveeri täpi hapukoorega.

Pepperoni kuum tšilli

(Valmis umbes 8 tunniga | 8 portsjonit)

Koostisained

- 12 untsi kalkunivorsti
- 4 untsi pepperoni, viilutatud
- 1 purk (14 1/2 untsi) tükeldatud tomateid, kuivatamata
- 1 ½ tassi veiselihapuljongit
- 1 ½ tassi tomatikastet
- 1 tl sidrunikoort
- 1 tass garbanzo ube
- 1/2 tassi konserveeritud rohelist tšillit, tükeldatud
- 1 suur punane sibul, hakitud
- 1 ½ tl kuivatatud Itaalia maitseainet
- 2 spl kuuma tšillipulbrit
- 1 spl Worcestershire'i kastet
- Sool, maitse järgi
- Paprika, maitse järgi
- Kuum piprakaste, valikuline

Juhised

1. Küpseta vorsti ja pepperoni kergelt määritud kastrulis keskmisel kuumusel. Küpseta 10–12 minutit; viige potti.

2. Lisage ülejäänud koostisosad; katke kaanega ja keetke madalal kuumusel umbes 8 tundi.

3. Jaga serveerimiskausside vahel ja serveeri koos maisileivaga.

Spagetid ubade ja spargliga

(Valmis umbes 3 tunniga | 4 portsjonit)

Koostisained

- 1 tass köögiviljapuljongit
- 1/2 tassi rohelisi ube
- 1 purk (15 untsi) Põhja-ube, loputatud ja nõrutatud
- 2 keskmise suurusega tomatit, tükeldatud
- 2 keskmise suurusega porgandit, tükeldatud
- 3/4 tl kuivatatud rosmariini lehti
- 1 nael sparglit, lõigatud hammustuse suurusteks tükkideks
- 1/2 tl selleri soola
- 1 tl sibulapulbrit
- 1 tl küüslaugupulbrit
- 8 untsi spagetid, keedetud
- 1/4 tassi Parmesani juustu, hakitud

Juhised

1. Valage potti köögiviljapuljong, rohelised oad, põhjaoad, tomatid, porgandid ja rosmariin.

2. Küpseta kaane all 3 tundi, lisades sparglitükke viimase 30 minuti jooksul.

3. Maitsesta sellerisoola, sibulapulbri ja küüslaugupulbriga; raputa peale spagetid ja parmesani juust. Nautige!

Lihtsad vürtsikad rohelised oad

(Valmis umbes 4 tunniga | 4 portsjonit)

Koostisained

- 1 nael rohelisi ube
- 1 purk (28 untsi) väikesteks kuubikuteks lõigatud tomateid
- 1 suur punane sibul, hakitud
- 4 küüslauguküünt, hakitud
- 1 tl selleriseemneid
- 1 tl kuivatatud basiilikut
- 1 tl kuivatatud pune
- 1 tl meresoola
- 1/4 tl värskelt jahvatatud musta pipart
- 1/4 tl punase pipra helbed, purustatud

Juhised

1. Sega kõik koostisosad potti.

2. Küpseta kaane all kõrgel kuumusel umbes 4 tundi või kuni rohelised oad on pehmed.

3. Maitse, kohanda maitseaineid ja jaga serveerimiskausside vahel. Nautige seda lihtsat ja tervislikku õhtusööki keedukartuli ja lemmik hooajalise salatiga!

Lemmik kreemjad rohelised oad

(Valmis umbes 6 tunniga | 4 portsjonit)

Koostisained

- 1/2 tassi hapukoort
- 1/4 tassi 2% vähendatud rasvasisaldusega piima
- 1 ½ tassi konserveeritud rasvavaba seenesuppi
- 1 pakk (10 untsi) rohelisi ube, sulatatud
- 2 küüslauguküünt, hakitud
- 1 porgand, tükeldatud
- 1 sellerivars, tükeldatud
- Sool, maitse järgi
- Cayenne'i pipar, maitse järgi
- Lisandiks hakitud india pähklid

Juhised

1. Segage oma potti kõik koostisosad, välja arvatud india pähklid.
2. Katke ja keetke madalal kuumusel umbes 6 tundi.
3. Puista peale hakitud india pähkleid; serveeri makaronide või keedetud pruuni riisi peal.

Steak Roll Ups seentega

(Valmis umbes 6 tunniga | 4 portsjonit)

Koostisained
- 1 nael veiselihapihvid, lõigatud 4 portsjoni suuruseks
- 4 viilu suitsusinki
- 1 tass Portobello seeni, tükeldatud
- 1/4 tassi tilli hapukurki, peeneks hakitud
- 1 suur magus sibul, hakitud
- 1 tl Dijoni sinepit
- 1/2 tl kuivatatud estragoni
- 1 tl kuivatatud basiilikut
- 1/2 tl kuivatatud pune
- 1/2 tassi veiselihapuljongit
- Selleri sool, maitse järgi
- Musta pipraterad, maitse järgi
- Majonees, kaunistuseks

Juhised

1. Tõsta iga veiseliha osa singiviiluga.

2. Sega kausis kokku seened, tilli hapukurk, sibul, sinep, estragon, basiilik ja pune. Määri see segu singi peale.

3. Järgmisena keerake praed kokku ja kinnitage need hambaorkidega; asetage potti.

4. Vala sisse puljong, puista peale sellerisoola ja pipraterad; küpseta madalal kuumusel 5–6 tundi. Kaunista majoneesiga ja serveeri.

Lemmik kuum Rouladen

(Valmis umbes 6 tunniga | 4 portsjonit)

Koostisained

- 1 nael veiselihapihvid, lõigatud 4 portsjoni suuruseks
- 4 viilu vähendatud rasvasisaldusega Provolone juustu
- 1 magus punane paprika, lõigatud õhukesteks ribadeks
- 1 magus roheline paprika, lõigatud õhukesteks ribadeks
- 1/4 tassi päikesekuivatatud, peeneks hakitud
- 1 jalapeño pipar, hakitud
- 1/2 tassi rohelist sibulat, hakitud
- 1 tl sinepit
- 1 tl kuivatatud basiilikut
- 1/2 tl selleriseemneid
- Meresool, maitse järgi
- Jahvatatud must pipar, maitse järgi
- 1/2 tassi veiselihapuljongit

Juhised

1. Tõsta iga veiseliha steigi portsjon juustuviiluga. Seejärel asetage paprika igale steikiviilule.

2. Sega kausis kokku ülejäänud koostisosad, välja arvatud veisepuljong. Määri see segu juustuviiludele.

3. Seejärel keerake praed kokku; kinnitage hambaorkidega; asetage oma potti põhja.

4. Vala sisse veisepuljong; keeda madalal kuumusel kaane all umbes 6 tundi. Serveeri soojalt.

Juicy veiseliha lühikesed ribid

(Valmis umbes 8 tunniga | 4 portsjonit)

Koostisained

- 1/2 tassi kuiva punast veini
- 1/2 tassi veiselihapuljongit
- 1 tl sinepit
- 4 suurt porgandit, viilutatud
- 1 suur punane sibul, viiludeks lõigatud
- 1 kuhjaga supilusikatäis koriandrit
- 1/2 tl kuivatatud estragoni
- 2 naela veiseliha lühikesed ribid

Juhised

1. Asetage kõik koostisosad potti, asetades selle peale veiseliha lühikesed ribid.
2. Katke ja keetke madalal kuumusel umbes 8 tundi.
3. Serveeri soojalt koos vähese sinepiga.

Lihtne itaaliapärane lihaleib

(Valmis umbes 7 tunniga | 4 portsjonit)

Koostisained

- 1 ½ naela lahja veiseliha
- 1 tass kiiresti küpsevat kaera
- 1 tl sidrunikoort
- 1/2 tassi piima
- 1 keskmise suurusega muna
- 1/4 tassi tomatikassupit
- 1/2 tassi talisibulat, hakitud
- 1 roheline paprika, tükeldatud
- 1 tl granuleeritud küüslauku
- 1 tl Itaalia maitseainet
- 1 tl meresoola
- 1/2 tl jahvatatud musta pipart

Juhised

1. Segage kõiki koostisosi, kuni kõik on hästi segunenud; asetage lihapäts aeglasele pliidiplaadile potti.

2. Katke ja keetke madalal kuumusel 6–7 tundi.

3. Serveeri kartulipudruga ja naudi!

Juustune igapäevane lihapäts

(Valmis umbes 6 tunniga | 4 portsjonit)

Koostisained

- 1/2 naela lahja sealiha
- 1/2 naela lahja veiseliha
- 1/2 tassi vähendatud rasvasisaldusega toorjuustu
- 1 tass kiiresti küpsevat kaera
- 2 spl Worcestershire'i kastet
- 1 keskmise suurusega muna
- 1/4 tassi tomatiketšupit
- 1/2 tassi sibulat, hakitud
- 1 roheline paprika, tükeldatud
- 1/2 tl jahvatatud ingverit
- 1 küüslauguküüs, hakitud
- 1 tl meresoola
- 1/2 tl jahvatatud musta pipart
- 1/2 tassi vähendatud rasvasisaldusega Cheddari juustu, riivitud

Juhised

1. Segage suures segamiskausis kõik koostisosad, välja arvatud Cheddari juust. Vormi lihaleib.

2. Asetage lihapäts aeglase pliidiplaadile keedupotti.

3. Küpseta madalal kuumusel umbes 6 tundi.

4. Puista peale riivitud Cheddari juust ja lase seista, kuni juust on sulanud. Serveeri.

Karrieeritud maapähklilihapäts

(Valmis umbes 6 tunniga | 4 portsjonit)

Koostisained

- 1 tass kiiresti küpsevat kaera
- 1 tl riivitud ingverit
- 1/2 tassi piima
- 1 muna
- 1/4 tassi chutney, tükeldatud
- 1/2 tassi sibulat, hakitud
- 1 magus punane paprika, tükeldatud
- 1 tl granuleeritud küüslauku
- 1 tl kuivatatud basiilikut
- 1/3 tassi hakitud maapähkleid
- 1 tl karripulbrit
- 1 tl meresoola
- 1/2 tl jahvatatud musta pipart
- 1 ½ naela jahvatatud veise- ja sealiha, segatud

Juhised

1. Vooderda pott laia alumiiniumfooliumiribaga.

2. Segage suures segamiskausis kaer, ingver, piim, muna, chutney, sibul, paprika, küüslauk, basiilik, maapähklid, karripulber, meresool ja must pipar. Kombineerimiseks sega hästi läbi.

3. Sega juurde jahvatatud liha ja sega uuesti. Vormi segust ümmargune päts.

4. Asetage potti; seadke pott madalale ja keetke 6 tundi. Serveeri soojalt või toatemperatuuril.

Ema vürtsitatud oad

(Valmis umbes 8 tunniga | 10 portsjonit)

Koostisained

- 9 tassi vett
- 3 tassi konserveeritud pintoube, loputatud
- 1 kollane sibul, viiludeks lõigatud
- 1/2 poblano pipart, seemnetest puhastatud ja hakitud
- 2 küüslauguküünt, hakitud
- 1 spl Cajuni maitseainet
- 1 tl peent meresoola
- 1 tl jahvatatud musta pipart
- 1 tl Cayenne'i pipart

Juhised

1. Asetage kõik koostisosad potti.
2. Küpseta kõrgel kuumusel 8 tundi.
3. Kurna ja jäta vedelik alles. Püreesta oad, lisades vajadusel reserveeritud vedelikku. Serveeri vorsti ja lemmiksalatiga.

Tagati Cajun Jambalaya

(Valmis umbes 8 tunniga | 12 portsjonit)

Koostisained

- 1 (28 untsi) purki kuubikuteks lõigatud tomatit
- 1 nael kanarind, nahata, kondita ja hammustussuurusteks tükkideks lõigatud
- 1 nael Andouille'i vorsti, viilutatud
- 1 suur sibul, hakitud
- 1 sellerivars, tükeldatud
- 1 paprika, tükeldatud
- 1 tass hakitud sellerit
- 1 tass kanapuljongit
- 1 tl kuivatatud basiiliku lehti
- 1 tl kuivatatud pune
- 1 tl Cajuni maitseainet
- 1 tl Cayenne'i pipart
- 1 nael külmutatud keedetud krevette ilma sabadeta
- 1 tass keedetud riisi

Juhised

1. Asetage potti kõik koostisosad, välja arvatud krevetid ja keedetud riis.

2. Katke ja keetke madalal kuumusel 8 tundi.

3. Segage krevetid ja keedetud riis küpsetusaja viimase 30 minuti jooksul. Nautige!

Terav seapraad

(Valmis umbes 8 tunniga | 8 portsjonit)

Koostisained

- 1 suur punane sibul, viilutatud
- 2 küüslauguküünt, hakitud
- 2 naela seafileepraad, kondita
- 1 tass vett
- 2 spl pruuni suhkrut
- 3 spl kuiva punast veini
- 2 spl Worcestershire'i kastet
- 1/4 tassi tomatimahla
- 1/2 teelusikatäit soola
- 1/2 tl musta pipart

Juhised

1. Laota sibula ja hakitud küüslaugu viilud potti põhja; aseta praad peale.

2. Sega mõõtetopsis või segamisnõus kokku ülejäänud koostisosad; vala seafileeprae peale.

3. Katke ja küpseta kõrgel temperatuuril 3–4 tundi või madalal kuumusel 8 tundi. Serveeri kartulipudru peale.

Rõõmsad täidetud kapsalehed

(Valmis umbes 8 tunniga | 4 portsjonit)

Koostisained

- 8 suurt kapsalehte
- 1 kilo lahja veisehakkliha
- 1/4 tassi sibulat, peeneks hakitud
- 1/4 tassi vett
- 1 punane paprika
- 1/4 tassi keedetud riisi
- 3/4 tl soola
- 1/4 tl jahvatatud musta pipart
- 1 ½ tassi tomatikastet
- 1 purk (16 untsi) tomateid, tükeldatud

Juhised

1. Asetage kapsalehed keevasse vette ja keetke, kuni need on pehmenenud; äravool.

2. Kombineerige veisehakkliha ja ülejäänud koostisosad, välja arvatud tomatikaste ja tomatid. Täida kapsalehed, voldi otsad ja küljed peale.

3. Sega tomatikaste ja tomatid; katke ja küpseta madalal kuumusel umbes 8 tundi.

4. Serveeri täpi hapukoorega.

Piima hautatud seafilee

(Valmis umbes 4 tunniga | 8 portsjonit)

Koostisained

- Jahvatatud must pipar, maitse järgi
- Peen keedusool, maitse järgi
- 1 seafilee, kondita
- 1 tass rohelist sibulat, hakitud
- 2 küüslauguküünt, hakitud
- 1/2 tassi piima
- 1/4 tassi kuiva punast veini
- 1 tl kuivatatud salvei
- 1 tl kuivatatud rosmariini
- Kaunistuseks murulauk

Juhised

1. Hõõru seafilee prae sisse musta pipart ja soola. Asetage potti.

2. Puista peale hakitud sibul ja hakitud küüslauk; seejärel lisa kombineeritud piim ja vein. Puista peale salvei ja rosmariin.

3. Katke ja keetke madalal kuumusel umbes 4 tundi.

4. Puista peale värsket murulauku ja serveeri!

Kartulipuder porgandiga

(Valmis umbes 3 tunniga | 8 portsjonit)

Koostisained
- 5 naela punast kartulit, lõigatud tükkideks
- 2 küüslauguküünt, hakitud
- 2 porgandit, õhukeselt viilutatud
- 1 kuubik kanapuljongit
- 1 tass hapukoort
- 1 tass toorjuustu
- 1/2 tassi võid
- 1/2 teelusikatäit soola
- 1/2 tl jahvatatud musta pipart

Juhised

1. Keeda kartulit, küüslauku, porgandeid ja kanapuljongit suures potis keevas vees umbes 15 minutit. Varu vett.

2. Järgmisena püreesta keedukartul hapukoore ja toorjuustuga.

3. Viige kartulipüree potti; kata pott kaanega, keeda madalal kuumusel umbes 3 tundi.

4. Sega või; puista peale soola ja musta pipart; teenima.

Pühadeks keedetud sink

(Valmis umbes 8 tunniga | Portsjoneid 24)

Koostisained

- 1 soolatud kondiga piknikusink
- 2 tassi pakitud pruuni suhkrut
- 1/4 tl jahvatatud nelki
- 2 spl palsamiäädikat

Juhised

1. Laota poti põhja fariinsuhkur ja jahvatatud nelk.
2. Aseta sink potti ja lisa seejärel palsamiäädikas.
3. Katke ja keetke madalal kuumusel umbes 8 tundi.

Pere lemmik õunavõi

(Valmis umbes 10 tunniga | Portsjoneid 24)

Koostisained

- 5 naela õunad, kooritud, puhastatud südamikust ja tükeldatud
- 4 tassi pruuni suhkrut
- 1/2 tl riivitud muskaatpähklit
- 1 spl jahvatatud kaneeli
- 1/2 tl jahvatatud nelki
- Näputäis soola

Juhised

1. Asetage tükeldatud õunad oma potti.
2. Keskmise suurusega kausis segage ülejäänud koostisosad, kuni kõik on hästi segunenud.
3. Vala see segu potti õuntele ja sega ühtlaseks.
4. Katke ja küpseta kõrgel temperatuuril 1 tund. Keera kuumus madalaks ja küpseta siis umbes 9 tundi. Segage vispliga ja jahutage.

Itaalia stiilis kana brokkoliga

(Valmis umbes 9 tunniga | 6 portsjonit)

Koostisained

- 3 kanarinda, naha ja kondita
- 1 tass Itaalia stiilis salatikastet
- 1 ½ tassi koort kanasuppi
- 1 tass kanapuljongit
- 1 tass toorjuustu
- 1 tl kuivatatud pune
- 1/2 tl kuivatatud basiilikut
- Selleri sool, maitse järgi
- Jahvatatud must pipar, maitse järgi
- Cayenne'i pipar, maitse järgi

Juhised

1. Sega potis kana rinnad itaaliapärase kastmega.

2. Kata kaanega, keera pott madalale ja küpseta 8 tundi.

3. Tükelda kanaliha ja pane tagasi potti. Keskmise suurusega segamiskausis segage ülejäänud koostisosad.

4. Vala kastrulis hakitud kana peale; lisa brokkoli. Keera kuumus madalaks ja jätka küpsetamist umbes 1 tund.

Ürdilõhepäts kastmega

(Valmis umbes 5 tunniga | 4 portsjonit)

Koostisained

Lõhe lihaleiva jaoks:
- 1 tass värsket leivapuru
- 1 purk (7 ½ untsi) lõhet, nõrutatud
- 1/4 tassi talisibul, hakitud
- 1/3 tassi täispiima
- 1 muna
- 1 spl värsket sidrunimahla
- 1 tl kuivatatud rosmariini
- 1 tl jahvatatud koriandrit
- 1/2 tl lambaläätse
- 1 tl sinepiseemne
- 1/2 teelusikatäit soola
- 1/4 tl valget pipart

Kastme jaoks:
- 1/2 tassi kurki, tükeldatud
- 1/2 tassi vähendatud rasvasisaldusega tavalist jogurtit
- 1/2 tl tilli umbrohtu

•Sool, maitse järgi

Juhised

1. Vooderdage oma pott fooliumiga.

2. Segage kõik lõhelihaleiva koostisosad, kuni kõik on hästi segunenud; vormi päts ja pane potti.

3. Kata sobiva kaanega ja küpseta madalal kuumusel 5 tundi.

4. Kombineeri kõik kastme koostisosad; vispelda kokku.

5. Serveeri oma lihaleib koos valmistatud kastmega.

Lazy Man Mac ja juust

(Valmis umbes 4 tunniga | 4 portsjonit)

Koostisained

- Mittenakkuva toiduvalmistamise sprei-või maitse
- 16 untsi valitud makaronid
- 1/2 tassi võid, sulatatud
- 1 (12 untsi) purk aurustunud piima
- 1 tass piima
- 4 tassi Colby jack juustu, riivitud

Juhised

1. Määri pott kergelt küpsetusspreiga.

2. Kõigepealt küpseta oma lemmikmakaronid vastavalt pakendi juhistele; loputage ja tühjendage; viige potti.

3. Lisa ülejäänud koostisosad ja sega korralikult läbi. Küpseta madalal kuumusel 3–4 tundi. Nautige!

Vahemere kana suvikõrvitsaga

(Valmis umbes 8 tunniga | 4 portsjonit)

Koostisained

- 4 keskmise suurusega kanarinda, nahata
- 2 tassi väikesteks kuubikuteks lõigatud tomateid
- 1 laokuubik
- 1/2 tassi kuiva valget veini
- 1/2 tassi vett
- 1 keskmine suvikõrvits, viilutatud
- 1 suur sibul, hakitud
- 1/3 tassi apteegitilli sibulat, hakitud
- 1 tl jahvatatud köömneid
- 1 tl kuivatatud basiiliku lehti
- 1 loorberileht
- Näputäis musta pipart
- 1/4 tassi oliive, kivideta ja viilutatud
- 1 tl sidrunimahla
- 3 tassi keedetud riisi

Juhised

1.Asetage kõik koostisosad, välja arvatud oliivid, sidrunimahl ja keedetud riis, potti; katke kaanega ja keetke madalal kuumusel umbes 8 tundi, lisades küpsetusaja viimase 30 minuti jooksul kivideta oliive.

2.Lisa sidrunimahl; loorberileht ära visata. Serveeri keedetud riisiga ja naudi.

Vahemere täidisega spaghetti squash

(Valmis umbes 8 tunniga | 4 portsjonit)

Koostisained

- 1 keskmise suurusega spagetikõrvits, pikuti poolitatud ja seemnetega
- 2 roma tomatit, tükeldatud
- 2 purki (6 untsi) tuunikala vees, nõrutatud ja helvestatud
- 1 tl kuivatatud basiiliku lehti
- 1 tl kuivatatud pune lehti
- 1/2 tl kuivatatud tüümiani
- Sool, maitse järgi
- Must pipar, maitse järgi
- Cayenne'i pipar, maitse järgi
- 1/2 tassi vett
- 1/4 tassi Pecorino Romano, riivutud

Juhised

1. Aseta kõrvitsapoolikud taldrikule.

2. Sega mõõtetopsis või segamisnõus kõik koostisosad, välja arvatud vesi ja Pecorino Romano. Tõsta see segu lusikaga kõrvitsapoolikuteks ja aseta potti.

3. Lisage potti vett; katke kaanega ja küpseta madalal kuumusel 6–8 tundi.

4. Puista peale Pecorino Romano ja serveeri.